原力效應

3步驟改變你的世界

THE FORCE EFFECT

3 Steps to Change Your World

TMBA共同創辦人
《內在原力》作者
愛瑞克
著

推薦序

《原力效應》不「援例」，引領眾人造新局！

楊斯棓——《人生路引》作者、醫師

「援例」的其中一個定義是：比照過去的例子。過去的人怎麼做，你就怎麼做。

萬一被「指教」，還可以扛前人出來一起當靶，這種行事風格不罕見，至於彰顯出來的格局是大是小，你知我知。

但過去的人不敢嘗試挑戰的，難道你也不敢一搏？

怕什麼？怕人笑？怕失敗？怕沒人看好？怕沒人響應？

台諺有一句：驚驚袂著等（Kiann-kiann bē tio̍h tíng），意思是怕這怕那老是不敢嘗試，老是以「等待時機」為名而選擇觀望，一再錯失良機，遑論開創新局。

愛瑞克寫過幾本書都相當警世耐讀，《內在原力》一書讓他聲名鵲起，近兩年，他細火慢燉，煲出《原力效應》。

他低調謙遜，無意浮名，若只能用四字形容他，那就是：仙風道骨。

他具備資訊、財經、銷售、寫作、諮詢等多項專長，但又不標榜自己有多斜槓，反倒提醒他人斜槓的盲點誤區。

他還非常樂於分享舞台。

二〇二二年春天，他在台南演講，我訂好餐廳，想說演講後請他吃飯。結果，他的決定「打亂」我的如意算盤。

他跟我說演講後要北上陪家人，這下我語塞。我有時不得已婉拒種種邀約，也是因為需返家。家事第一，其他第二，我們都如此，所以秒理解。

他第二句話更讓我吃驚，他說：「楊醫師你來都來了，不如就一起上台講，至少講個半小時」。

我把他的邀約視為肯定，卯足全力準備。

演講前，我們相約於「甜在心咖啡館」稍作休息。我告訴他，我二〇一三年曾來演講，當年有一位暱稱「玉米」的小姐與老闆娘火速商議後邀約我前去，舊地重遊，記憶湧現。此刻的我，特別感謝九年前自己的那副憨膽。

就像愛瑞克常說的：「沒有奇蹟，只有累積」。

這句話再展開來說就是：沒有閃現的「奇蹟」，但是確有因累積而出現的「奇蹟」。

沒有人一朝一夕就成為trustworthy person。不嫌事小，把事做好，自然就會有更大的任務落在肩頭。

府城的朋友當天熱烈歡迎我們的雙打演講，數十篇心得湧現，當天我跟亦為聽眾的吳家德總經理初次見面，晚餐受他款待，談到欲罷不能。

我跟吳兄說：「你比較厲害，揪兩百個人，一人捐一份錢，就捐了一台車出去。」

吳兄跟我說：「你比較厲害，自己每次都一個人一條一條就這樣捐出去。」

結果我們相視而笑，還是堅持對方比較厲害。

人在能量低，或者說本身就是低能量的人，容易相輕。

望對眼時，很可能覺得自己的行善風格或其他指標能力高人一等，就容易流洩貢高我慢。

當你若內心澄澈，洞見清明，才有能力解讀別人何以做到了一件確實偉大而我們做不來的事。從中養心習技，才有機會成為內心強大，實力飽滇（pá-tīnn）之人。

吳兄欣賞我的「難捨能捨」。

我欣賞吳兄的「箍人功夫」。

我和吳兄還有一個共同點是：我們都很服愛瑞克。

《原力效應》一書的重頭戲我認為是：以終為始的逆向工作法。

書中舉貝佐斯的行事風格為例：「貝佐斯要求在建構任何新想法之前，必須先寫出新聞稿以及常見問答清單。」

貝佐斯要研發人員想像在產品發表會上告訴他人產品好在哪？對誰好？為何別人掏腰包？

我也用類似邏輯去設計一場演講。

我們可以去想，聽眾聽你演講到最後一秒，那個moment，你期待有什麼事情發生？

也許你期待那一刻是：眾人鼓掌。鼓掌又分幾種，一種是聽眾好不容易捱到演講結束，得以鬆口氣的鼓掌，一種是因為肯定這場演講內容而鼓掌。

也許你期待那一刻是：眾人起立鼓掌，為時良久（TED上只有非常少數的講者有辦法讓大多數聽眾在演講結束後起立鼓掌）。

也許你期待那一刻是：眾人起立鼓掌，為時良久，同時心中火苗也被點燃，願意再多做一些事，呼應講者，呼應講題。

自準備演講的第一分鐘起，你得一直想像那個你期待的畫面，每個演講環節的設計，都為了讓那個畫面成真。

如果連你自己都不期待那光榮一刻，你只等待結束，那這場演講很可能就是一場平庸的演講，甚至是一場災難。

如果你有所期待，你在準備演講內容時，就會刪去手上三個故事中的兩個，保留最精彩那個。

你在準備說最精彩的故事時，就會揣摩三種說故事的方式，最後你放棄兩個，保留最動人心弦的那種演繹方式。

你在設計call to action時，就會反覆思考，哪一種行動呼籲，只是當時喊爽，感動七秒，而做出哪一種行動呼籲，能真的在聽眾心中燃起烈火，喚起聽眾捲袖行動。

我長年倡議一場演講如果有三位聽眾願意寫心得，那場演講將永遠不死。

我曾送書給許多寫心得回饋我的聽眾朋友。在二〇二一年聖誕節那天的龍顏講堂，我首度嘗試鼓勵聽眾寫心得但我不送書給他，我統計最後有幾篇超過一千字，譬如若有五位，我就把數字乘以二，捐出十本書給丹鳳高中圖書館（任何一間願意妥善對待書籍的受贈單位也都可以），最後我收到十五份心得，也就是我會寄出三十本書送給丹鳳高中圖書館，持續充實館藏。

當時我並沒有跟聽眾們劇透，今天這張底牌我在這裡說，我就是從《原力效應》一書習得智慧，現學現用！

推薦序

光彩美映的原力效應

吳家德——NU PASTA總經理、職場作家

這本《原力效應》是人生導航之書。恭喜你，翻閱它，走向智慧之路。

我和愛瑞克有三個相似點。第一、我們都是金融背景出身，但也都早離開金融業。第二、他的《內在原力》和我的《不是我人脈廣，只是我對人好》都在二〇二一年的八月出版，也因為出版時間相近，讓我們有機緣彼此認識。第三、愛瑞克是一位利他共贏的愛書人與推廣者，和我的理念一致，所以我們一拍即合，惺惺相惜。

我們會認識總要有一個機緣。這個邂逅節點是楊斯棓醫師。

當愛瑞克與我同一時間出版新書時，斯棓兄是我們兩人的推薦人，也因為這個善

緣，讓我看到愛瑞克，也讓愛瑞克看見我。二〇二一年的八月，我加愛瑞克臉書，希望能成為好友，傳一個訊息給他。我寫說：「很高興因為楊醫師的臉書而看到您的訊息，加您為友，謝謝。」

很快地，愛瑞克就稱呼我一聲吳大哥好。我再回他一句：「同時出書，同時鼓勵，一起加油。我們受楊醫師的照顧很大，充滿無限感激。」愛瑞克回我：「太驚喜了！今天早上我看到斯棓的貼文，我就去書店找你的書，結果發覺：還沒上市！」我回說：「哈哈，真是抱歉，下個禮拜書才會到實體通路。」

由前文可證，楊斯棓醫師是我們的媒人無誤。

「媒人引進門，善緣靠個人。」我記得很清楚一件事，我們成為臉友的當下，共同好友有六十一位，到了二〇二二年十二月底，就是我寫這一篇推薦序的當下，我查了我們共同朋友，已經來到兩百零五位。不到兩年的時間增加三倍。這是「原力效應」的最佳證明。

愛瑞克這本書的核心價值是：「每個人內在都蘊含無窮的力量，必須有正確的方法才能發揮出來。透過與眾人連結，更可以發揮出百倍效益。而這種力量的運用和放大過程，稱之為『原力效應』。」

看到沒……我與愛瑞克原先都只是宇宙的一個小「點」，藉由外部機緣（人脈、興趣、活動）等牽引，讓我們連成一「線」，再藉由價值觀相近與想要利他共贏的眾人連結，串出一個大「面」，終究成為詮釋「原力效應」的好案例。

人生道路上，能夠認識誰，一開始是怎樣的人，有一部分是老天安排的劇本，但我覺得大部分的關鍵要素，還是掌握在自己的身上。也就是說，老天有決定開拍你人生連續劇的權力，但是只有開始前幾集的腳本，接著你能不能從配角演成最佳男女主角，就看你的投入程度與善心善行的結果。

愛瑞克與我的人生都不是一路順遂的。但我們很幸運，因為有正確的生命思維、有多元的良師益友教導、有助人的寬闊心胸，才讓我們得以逢凶化吉，否極泰來。或許就是「感恩之念」，讓我們樂意用文字與演講，分享世間的美好故事。

《原力效應》含金量極高，邏輯架構層次分明，故事案例深得我心，這是一本好讀易懂的人生寶典。很高興也很榮幸成為這本好書的推薦人。讀懂原力效應，人生光彩美映。

推薦序

你願意把人生當成一間公司經營嗎？

歐陽立中——「Life不下課」節目主持人

兩年前，我從學校辭職，放棄人人稱羨的鐵飯碗，展開自由發展的人生。大家紛紛祝福，佩服我的勇氣。「自由」在大家眼裡，是多麼耀眼，彷彿世間最珍貴的鑽石，而我擁有這顆鑽石。不過，我很少跟大家說的是：「自由的代價很高！」

過去我只要按照學校課表，準時進班上課，就有穩定收入，你不用費心下一刻要做什麼。但是成為自由人之後，多出好多時間，你必須費心安排，思考哪些事要做，哪些事不要做。每件事情背後都有看不見的決策成本。

過去我在學校，是教室裡的王，老師說什麼，學生理論上就得聽什麼。我不需要花太多心力去想如何表達，因為學生從師問學是天經地義的事。但成為自由人之後，我開始跟公司廠商溝通提案，讓他們知道我的專業，接受我的條件。

過去我在學校，歲月靜好，日子穩定，沒什麼變數，最大變數頂多哪個學生沒來上學。但是成為自由人之後，日子就是由變數組成的：鼓起勇氣邀約大咖來賓上節目、絞盡腦汁找尋文案創意、說服自己嘗試新事業。我這才發現，變動才是人生唯一的不變。

你說：「值得嗎？」我可以理直氣壯地告訴你：「絕對值得！因為自由無價。」不過前提是，你願意付出多大的代價追尋自由。但是你該憑的絕對不是「勇氣」，而是有遠見的「策略」。而這些「策略」，愛瑞克都為你準備好了，寫在《原力效應》這本書裡頭。

愛大跟我一樣，他放棄金融業高薪，提早從職場退休，展開寫作、演講、公益的自由人生。原本他也擔心，會不會窮途末路。但結果出乎你意料：他的人生加速起飛，身心富足，活得更有意義！

當然，《原力效應》不是一本鼓勵你辭職的書，而是幫助你如何把人生當成一間公司來經營。如果你只是用一般思維，你會發現人生了無新意，不外乎就是站上輸送帶，一路從求學、工作、家庭、退休被運向終點，根本沒有選擇。但如果你是用「經營思維」，人生瞬間就妙趣橫生了起來，你得想要創辦什麼公司？

找什麼樣的夥伴？如何說服別人投資你？怎麼帶給世界價值？你不再覺得自己可有可無，因為這世界少了你，將黯淡無光。

那麼，怎麼樣把人生當成一間公司經營呢？這是個大問題，但愛瑞克最厲害的就是化繁為簡，讓方法落地可行。他告訴你，就三個面向：「第一，溝通表述；第二，管控變數；第三，逆向建造。」我這才驚覺，當初自己從職場離開，展開自由人生，所面臨的挑戰不正是這些嗎？

像是「決定要做什麼」。如果你考慮的只是收入，那絕對做不大、也做不久。所以愛瑞克在書裡提醒我們要做好「心態設定」，才能贏在出發點。當你的動機對了，出發點也就領先了。所以你必須思考：「如何喚醒他人心中的渴望？」只有當你找出成就別人的意義時，人們才會願意追隨你。這也是後來，我為什麼決定做podcast節目「Life不下課」，而且還日更的原因。因為我想幫助聽眾朋友，即便離開學校，走入職場，仍然要保持好奇心，吸收新知識。

再比如「跟對方提案溝通」。愛瑞克完全點出多數人的盲點，那就是滔滔不絕地說自己有多好，完全沒顧及對方的表達需求。書裡最震撼我的一句話是：「只要人和，自然就會想辦法去找出天時地利。」而學會傾聽與溝通，就是創造人和最強大的本事。這個觀念點醒我，不需用辯才無礙來證明自己。打開耳朵、身體微傾、眼神專注，讓自己從一個好聽眾重新出發。

最後還有「如何尋找創意」。愛瑞克給出的答案是：「向不相干的領域借點子！」我必須說，如果你用心讀完《原力效應》，你就會發現整本書都在實踐這句話啊！明明談的是人生，愛瑞克用馬斯克找出關鍵變數，啟發你理解壓低成本；用貝佐斯要求員工先寫好新聞稿，啟發你領悟逆向工程；用賈伯斯借用圖形化使用介面開發電腦，啟發你發現創意的祕密。

回到一開始的問題吧！「你願意把人生當成一間公司來經營嗎？」也許在開頭，你的心裡話是：「才不要，經營公司好累。」但現在，你的真心話會是：「我願意，因為一成不變的人生更累。」恭喜你，原力從此與你同在！

推薦序

發揮屬於你自己的原力效應

江湖人稱S姐——女力學院創辦人

自由後，你想做的第一件事情是甚麼？

這是每當有人身處人生迷惘，問我職場問題，並總說想要人生時間自由、財富自由時，我問他們的第一句話。多數人會回答環遊世界，睡到自然醒，我都會說，這些不用等你自由就可以做到了，辭職，你時間就立馬自由了，存到錢就可以去看地球了，有沒有別的？而這個就是人願意站起來做些甚麼事情的動機。

我曾經在一場活動中和一群夥伴寫下人生的bucket lists，到死前想完成的夢想清單；其中一個列表上面我寫了協助超過一百位有想法、沒有方法的女性找到人生自主權。因為我相信改變一個女性，可以改變一個家庭。就如同書中所說，真理才有穿透力。就因為這個初衷，開始連結資源，將人脈串聯，透過與第三方團隊技術合作，蒐集資金，透過時間演練，我和合夥人創辦了女力學院，創造女性共學的生活型成長社群，至今學員累積超過三千位，以及超過一百二十位優秀業界女性協助社群互助前進。透過書中提到的逆向工作法，從女性的需求中，找出更多可貢獻的價值；透過不同的「控管變數」規畫，一步步優化服務品質，以終為始，串聯女性的無限可能。這是我自由後想做的事，我的為什麼，我的動機，我的原力效應。

期許你在看完這本書後可以挖掘自己內心的聲音，意識覺醒，列下行動清單計畫。透過書中提點的練習，找出可以效仿及認識的關鍵人物，發揮屬於你自己的原力效應。其實就是做就對了。

目次

PART 3

前言

二〇一八年初，我提早退休離開職場之後，隨即投入寫作著述為主的人生，同時參與各種慈善公益。有一天，我看到雲門創辦人林懷民的著作《激流與倒影》書腰上寫著：「跳舞是末路，寫作是窮途」，我驚覺：對啊，寫作是窮途耶！算一算，要單靠寫書的收入來養活家庭，真的不容易。當我放棄金融業優渥的待遇，以寫作維生，會不會就此步入窮途？

並沒有！離開職場後，我的生涯加速起飛，活出了更具意義的人生。發自內心的聲音，引領我走上了一條利他共贏之路；也因為助人，而獲得更多貴人相助。前作《內在原力》於二〇二一年七月底上市後，隨即獲得教育界以及許多愛書人的熱烈迴響，更因此作榮獲金石堂二〇二一年度風雲人物：星勢力作家。

我收到了許多讀者的感謝函，同時也收到許多求助信，描述他們所遇到的種種工作或生涯上的難題，也有創業家或主管徵詢有關未來發展的建議。儘管在《內在原力》已經有提供指引，但他們想探求更多的實務做法，希望獲得突破，攀向人生更高峰。

《原力效應》應運而生，它可以說是二部曲，探討每個人內在都蘊含無窮的力量，必須有正確的方法才能發揮出來；透過與眾人連結，更可以發揮出百倍效益，而這種力量的運用和放大過程，我命名為「原力效應」。

這是一種改變的力量，以一個人為起點，透過人際網路層層擴散開來，足以改變全世界——至少「自己」的世界將因此不同，無論是工作或生活，都可以獲得重大突破！

如此強大的力量，包含賈伯斯曾展現的「現實扭曲力場」（reality distortion field），然而，這樣的力量並非賈伯斯獨有。亞馬遜創辦人貝佐斯、特斯拉執行長馬斯克、微軟創辦人比爾．蓋茲，他們各自在不同領域中展現了強大的力量，對人們的生活方式產生重要改變。

我研究了世界上多位最具影響力的創業家，找出他們運用這種力量的實例，進行拆解、分析，並歸納出「原力效應」的三大元素——溝通表述、控管變數、逆向建造——這也就是本書所談的三步驟，可以用來解決大多數的問題、達到職場上的目標，完成每個人想要的夢想。

一份工作，兩種人生境遇

即便是做同樣一件事情，心態及做事的方法不同，長時間累積，都可能產生天差地遠的結果。舉例而言，A、B兩個人在同一家公司、擔任相同職務，問他們：「你做什麼工作？」

A是一般人，可能會說：「我在XX銀行擔任理財顧問。」他們著重在自己以及工作本身。

B是擁有內在原力，並且能對外發揮出原力效應的人，會說：「我在XX銀行，我們可以提供任何有關投資或財務上的協助，無論個人或公司需要都可以。有什麼我可以幫你的嗎？或我也可以幫你找到合適的人協助。」他們不僅站在更高的層次去看公司整體可提供的價值，而且不拘於自己的職務，願意主動幫他人解決問題，也會善用人際網路來尋求更多互惠的機會。

B的心態顯然比A更積極、開放。按照已故的日本經營之聖稻盛和夫所提出之「成功方程式：成就＝熱忱×能力×思考方式」，即便兩人能力相同，B在熱忱、思考方式這兩項遠勝於A，經過長時間的複利效果，人生最後的成就將大不同。

B的回答同時符合《內在原力》所談「一人公司」、「三種工作」、「利他共贏」的心態，更確切實踐了「成功方程式」以及「站對地方」（透過人際網路放大效益）。

《原力效應》第一篇所談以心態設定為起點，以良善的動機作為啟動原力效應的引信，點燃熱情，並藉由強大的溝通表述能力影響更多的人加入參與。**即使開頭微小如星星之火，最後皆可以燎原**。

本書所談，更超越了《內在原力》的層次，將「一人公司」（像經營一家公司那樣經營自己的人生）發展為「一流團隊」、「一流企業」所需的能力，做一次完整的探究與剖析。

「一人公司」所扮演的人生執行長（CEO），以及財務長（CFO）、行銷長（CMO）、技術長（CTO）、營運長（COO）五大角色，對應到《原力效應》第二篇所揭示的五大變數：創意、資金、人脈、關鍵技術及零件、時間及流程。

學會掌握這五大變數，即便自己一個人也能有出類拔萃的傲人成績；若讓他們去帶領一個團隊，會成為行業中的翹楚；讓他們去經營一家公司，將會成為一流企業。

書中「鮮乳坊」的案例分析，從一個人到一群人，用一瓶牛奶改變一個產業；包含更多的企業實例，指出他們掌握了特定「關鍵變數」，掀起了產業革命。

本書第三篇談「逆向建造」，是高手們心照不宣的祕密。賈伯斯、貝佐斯、馬斯克、比爾・蓋茲，全部都使用了這個方法，改變了我們的世界。不僅適用於商業領域，更可以應用在每個人想追求的目標。例如健康管理、自我實踐的工作，和諧共好的人際關係，規畫得宜的財務計畫和退休規畫等等。學會逆向建造的技術，將大幅提升目標實現的機率。

能夠發揮原力效應的人，他們可以設定較高的目標，或主動站出來解決大眾的問題，並有能力號召更多人一起來參與，完成許多壯舉、創造更多商機——他們善於溝通表述，能找出關鍵變數並加以控管，以逆向建造的方式將目標一一實現。

這本書要談的不是天賦，全都是靠後天可以習得的能力。當我們學會運用這些能力，並透過人際網路加以擴大影響力，不僅可以改變自己的世界，也可以給予他人力量，透過善的循環，進而改變這個世界。

沒有奇蹟，只有累積。所有的一流企業全部都是從一、兩個人開始的，只要用對方法，你也可以！

對於一位平凡的上班族或家庭主婦來說，並不需要設立一個改變全世界的目標，而是當我們決心要做好一件事，並且築夢踏實地完成理想目標的同時，這個世界上一定會有某些人因此受到影響，對這些人而言，他們的世界確實被你改變了。即使薄弱如微光，莫以善小而不為。

「把自己活成一道光，
因爲你不知道，
誰會藉着你的光，
走出了黑暗。
請保持心中的善良，
因爲你不知道，
誰會藉着你的善良，
走出了絕望。」

——泰戈爾《用生命影響生命》

願原力與你同在！

PART 1

溝通表述

communication

每一個人在潛意識中都有與人連結的需求、對歸屬感的渴望，但必須用對方法，才能一呼百應。良好的心態設定，就先贏在出發點。不過，要從一個人擴大為一群人響應，關鍵要透過良好的溝通表述能力來放大影響力。

第1章

心態設定

——贏在出發點

你和成功的距離差的是心態

人們的心態決定了選擇，選擇決定了行為，行為成為習慣，習慣則形塑成了每個人的一生所呈現的樣子。一個人即使只是在心態上做出些微的改變，每天生活中的選擇和行為就會連帶產生變化，經過長時間的累積，必然走出天差地遠的人生路徑。

一件表面上看來非常微小的事情，經過長時間推演，都可能帶來巨大的改變，在學理上稱為**「蝴蝶效應」（Butterfly Effect）——這是一種連鎖反應，而且對於初始條件非常敏感，只要對於這些初始值加以些微的改變，最後都會引起結果值的極大差異。**

做人做事的心態，就是人生蝴蝶效應的初始值。心態對人生有決定性的影響，影響了我們的思維、行為、處世態度，許多人意識到重要性，進而重設心態。《內在原力：9個設定，活出最好的人生版本》談的是透過九種不同的心態設定調整，人生就可以重新設定，並且活出最好的版本。

你會發現，許多改變人類歷史、改變人類生活的人，他們的思維方式明顯更趨向「內在原力」，內建「內在原力設定」。這些人從一開始就把心態擺對，將這股力量發揮在生活日常、職場發展，影響所及，從自己擴及到旁人、企業、社會、乃至國家。

人權運動領袖金恩博士、德蕾莎修女、印度聖雄甘地、蘋果公司創辦人賈伯斯、日本「經營之聖」稻盛和夫……都是發揮內在原力的最佳典範。這也是為什麼他們能發揮價值，讓每一次的選擇，逐漸累積成巨大的影響力，引發他人動機與熱情，進而改變世界。

下表羅列能夠發揮內在原力的心態設定，與普通人常見的心態做比較，可以發現兩者之間的差異。

表1-1｜兩種心態比較

發揮內在原力的設定	普通人常見設定
一人公司：像一家公司那樣經營自己、爲自己人生負全責	領多少薪水做多少事情
三種工作：有金錢收入的 、無償的、自我實現的「工作組合」獲得身心靈的平衡與滿足	找一份有金錢收入的工作
利他共贏：利他的比重隨著年齡遞增，吸引更多人來幫助自己	自顧不暇，行有餘力再開始利他
成功方程式：網路新世代需多加防護罩，能在獨處當中保持高度專注	多聽他人的意見
站對地方：人際網路放大成果的效益，善用網路節點來擴散影響力	市場熱門什麼，就參與什麼
無限思維：生命是長期而持續的累積，超越自己比戰勝他人更重要	認爲資源有限，必須競爭
沒有壞事：找出壞事背後隱藏的好事，將逆境轉化爲成長的養分	遇到壞事自認倒楣
包容力：開啓無限力量的萬用鑰匙，透過感謝心來取得他人的助力	在他人身上貼標籤以化繁爲簡
常保初心：以終爲始（Be，Do，Have）	先做再說（Do，Have，Be）

你有沒有想過未來的自己想成為怎樣的人？一個人的格局，很大一部分決定了未來的結局。你的每一步選擇對於未來都重要。上述的發揮內在原力設定，前五項是針對你的做人處事，後四項著重在思維心態的修煉，而你只需要針對其中任何一項，設定到自己心態中，並在日常生活加以落實運用，幾個月內就會感覺到不同，幾年下來，有如脫胎換骨、人生重設；若能多項同時進行，改變的速度愈快、發揮的效果愈強大。

從一個人的影響力放大到一群人的「原力效應」，有如「蝴蝶效應」的擴散效果，將內在原力透過人際網路的媒介，從一個人為起點，層層向外擴展開來，最後將發揮出極大的影響力、改變很多事情。

如何讓自己配得上擁有想要的事物？

如果你想要達成某項目標，但現階段還達不到，代表你和所設定的目標之間還有落差。所以，你要做的是思考無法達成的原因，從而改變自己目前的狀態。

有些人即便是心中有想完成的事物，卻還是安於現狀，沒有行動。有可能是自身條件還不俱足，或者能力還不夠……總之就是必須付諸行動或改變目前的狀態。但他們可能會說：「我並沒有想要改變自己，也不需要，我純粹只是想要得到某一件事物。」

老實說，**如果你已經充分具備了擁有那一件事物的條件水準，那麼早已擁有，不會想追求**。之所以會占據你的思緒、在心頭縈繞，那就代表你目前對於要實現這個願望有點困難、具挑戰性，需要付出不少的心力，才有機會得到。

想要完全不改變自己、不提升自己，而去獲取比自己水準更高的人事物，那樣的短暫擁有狀態不會太久，很快就會再失去。因此，查理・蒙格（Charles Thomas Munger）說：「**要得到你想要的東西，最可靠的方法，是讓自己配得上擁有它。**」

寫作《原力效應》這本書的動機，就是要幫助你去得到想要的東西或成果，而指導的方法會讓你配得上擁有它們。然而一定要做出一些改變，才會加速得到，並且提高各種想法被實現的機率。更重要的是：穩固地擁有，不會得而復失。

一切改變的第一步就是：先改變自己的心態、思維；自然會改變行為、習慣；最後必然改變了命運。

動機對了，出發點就先贏了

一切改變的起點，往往來自於人生的一次挫敗、不如意。愈重要的事件，造成了自己內心巨大衝擊，愈會產生非常強烈尋求改變的動機。

我有一位好友，於二〇一九年，在他四十歲之際，經歷人生中第二次創業失敗，一切歸零。他說：「我帶著老婆和兩個國小的女兒去吃義大利麵，心裡盤算著銀行帳戶還剩多少餘額，明天還有多少補習費、才藝班的費用要繳。然後，笑笑地說：『我不餓，妳們點就好。』試圖隱藏內心的焦慮和不堪。」

創業失敗後，有好幾個月他瘋狂嘗試了各種工作機會，包含跑到花蓮去看薑黃田，坐高鐵到高雄洽談辣椒醬的代理，甚至去參觀家庭代工的水晶工廠，也考慮是否去夜市擺攤。後來，他自問，兩個女兒都會長大，自己能留給她們的是什麼呢？他想到：「我要把她們將來成長路上會遇到的問題，用聲音錄下我想跟她們說的，好讓她們將來十年、二十年就算我不在，都可以重複聽。」

於是，他從二〇二〇年三月那一天開始，錄製「好女人的情場攻略」Podcast節目，邀請各領域的達人，分享許多戀愛知識、人生指南和自我成長的主題。截至二〇二〇二二年九月，累計已經超過七百集，共一百多位來賓參與對談，而累計收聽下載總數已經超過了一千萬次。

他寫給我：「只要一想到每集的內容，都有機會在未來被某個正在對人生、愛情迷惘的人聽到，給他們一點點啟發，一點點希望，我終於也才明白，我的一生是為何而來。在人生的下半場，我終於了解自己為何而戰，也踏上屬於我自己獨特的天命旅程！」

他就是人稱「路隊長」、「好女人的情場攻略」主持人，透過這個節目，幫助數萬聽眾度過失戀、人生迷茫，重新找到人生希望。**他從兩個女兒找到出發點，點燃了自己強烈的熱情、進而引發了其他人一起投入**，後來成就了許多美好的事情。該節目在華人圈獲得熱烈支持，每年舉辦近百場實體或線上單身聯誼活動、兩性情感課程，幫助了成千上萬的單身男女跳脫舒適圈，甚至找到人生理想伴侶。

要改變現狀、追求一個目標，必然需要一個理由來引發「動起來」的念頭以及動作，這個有效的理由就稱為「動機」，就像電腦需要開機、汽車需要發動引擎、煮東西需要點燃爐火，才會有後續的運作過程。如果我們想要煮一道經典名菜「佛跳牆」，

一定要確保可以將火點著，否則就算準備再多的食材都沒有用、全部都是浪費資源。

你的出發點，也就是動機，是原力效應發揮的起點。有了好的動機，那麼就已經先贏在出發點了。稍後提到的「幸運小鐵魚」社會企業，就是贏在出發點的絕佳案例。

如何喚醒他人心中的渴望

光是贏在出發點還不夠，我們真正想要贏的，是在終點。然而，人是群居的動物，不可能靠自己一個人走完人生的漫漫長路，去抵達圓滿的終點；過程中，一定會需要他人的協助、陪伴我們，才能走完全程。

非洲有一句諺語：「**一個人走得快，一群人走得遠。**」那「一群人」之中，有些人你無法選擇，例如父母與兄弟姊妹；然而，多數人是可以選擇的，尤其離開校園、踏入社會而經濟獨立之後，幾乎由你全權決定讓誰加入你的人生之旅。

現代的社會競爭態勢，很少是個人對個人的「單挑」，而是公司對公司、團隊與團隊之間的競爭，不是百米賽跑，而是大隊接力賽——每一位成員都會影響品質、速度，以及整體的形象。

你可以選擇要加入什麼公司、什麼樣的團隊，也可以反過來，由你選擇號召什麼樣的人來加入你的陣營。至於如何讓他人願意加入我們，一同努力去成就一件事情呢？這需要**喚醒他人心中的渴望，而喚醒的關鍵在於找出有意義的「爲什麼」**。你一定要先想想，別人為什麼要參與呢？

號召衆人行動起來，不一定全靠利益，你可以用意義感來召喚

我們選擇做或不做某些事都有其動機。有些事情若有適當的財務誘因，自然有人去做，例如一家公司給出高於同業的價錢，足夠吸引人前往應聘；也有些事的動機不是出於金錢誘因，而是源自於利他、道德責任感，例如，有些人選擇捐血、做志工、淨灘、協助義賣活動等。

或許每個人行事都有不同的判斷考量，**但最好的「爲什麼」，一定必須發自內心，尤其去做富有「意義感」的事情，是最能夠享受內在愉悅、最佳體驗的選項**。這些事

情不限於慈善公益，任何能夠讓人想要一心投入其中，並持續專注一段時間的事物，都可以促成這樣的體驗與滿足感。

並不是一定要符合慈善公益那樣高道德感的任務，才有辦法號召眾人參與；一場有意義的分享、一種有趣的比賽、一次可以共同完成的任務、一件有趣的新奇事物，甚至是每一個人都可以嘗試的自我挑戰，都足以引發他人參與的動機。因此，即便你沒有錢、無法靠利益去引誘他人參加，也無妨。

「意義感」是一個很容易引發群聚效應的動機，是內在原力的一種（源自靈魂的渴望），也是對外發揮出原力效應，擴散速度最快、吸引力最強的方式。

訴諸於高層次意義感的活動，相當於發出一個令人心生嚮往的「使命宣言」，會有一種無形的頻率，**吸引潛在參與者產生一種「自我身分認同」的追求，並在完成之後獲得自我價值的肯定——成爲更好的人。**

例如，有許多人熱衷於挑戰「泳渡日月潭」、「鐵人三項」、「四十二公里全馬」，或參與減重計畫、歌唱或舞蹈比賽、繪畫或徵文競賽，都是追求一種自我肯定與身分認同。儘管與公益無關，卻能夠激發許多人的動機。

如果你想要號召他人一起來參與一件事情，那麼就把目標清晰明確宣告出來，更重要的，是把做這件事情所獲得的「意義感」清楚陳述、公開宣傳——這才是大家想要參與的關鍵，也決定了這一件事情能不能成功。

本書第二篇的企業個案分析，舉了「鮮乳坊」的實例，他們草創的動機確實喚醒了消費者心中的渴望。當時台灣處在食安風暴陰影中，部分的乳品大廠也受牽連，而鮮乳坊提出「四大堅持」：獸醫現場把關、嚴選單一牧場、無成分調整、公平交易，全數打中了消費者內心。他們在群眾募資平台「FlyingV」發起「白色的力量，自己的牛奶自己救」募資專案，短短兩個月受到近五千位贊助者支持、募得超過六百多萬元的募資總額。

幸運小鐵魚

當你真心渴望某樣東西時，整個宇宙都會聯合起來幫助你完成。

——《牧羊少年奇幻之旅》

心中的一個善念，可以幫助你走得遠，幫助許多需要幫助的人。

全世界大約有二十億的人患有貧血，而貧血對健康及社會經濟發展的影響，遠超過一般人的想像。貧血對健康的危害，除了引發頭痛、頭暈，長期貧血還可能使得心臟肥大，還有記憶力下降及注意力不集中等問題。

二〇〇八年，加拿大的貴湖大學學生克里斯多福・查爾斯（Christopher Charles）為了畢業論文，遠赴柬埔寨進行傳染病健康研究，發現當地人有嚴重的貧血問題。和歐美國家相比，像柬埔寨這類的發展中國家貧血問題特別普遍，約有將近五〇%的婦女及兒童患有缺鐵性貧血。

他觀察到當地的兒童瘦弱體虛，智力發展緩慢，也不活潑；婦女常感到頭痛且無法工作，孕婦在分娩時也常因貧血而引發嚴重的併發症。

一般來說，醫院的標準治療方式是提供口服鐵劑，但常伴隨著明顯的副作用，如噁心、反胃、便秘等，明顯的鐵鏽味也讓人們不喜歡服用。

對柬埔寨人來說，補充鐵劑的解決方案不但昂貴，還有副作用。所以即便有這個解方，人們也通常不願意採用。

為了徹底解決這個問題，查爾斯開始思考，到底要如何做，才能真正幫助這些貧血的人？

他開始尋找各種方法，最後他發現利用鐵鍋煮東西可以釋放鐵，而且這個方式不但方便而且還便宜有效。解方找到了，但是，要如何讓當地人願意採用呢？

用鐵鍋烹飪的確可以釋放鐵，但是和柬埔寨的文化抵觸。因為當地人習慣用鋁鍋煮飯，且當地人習慣煮完東西後，將食物留在鍋內，直到食物吃完。如果用鐵鍋，食物長時間留置鐵鍋內，會有一股鐵鏽味，甚至腐壞，因此這個方法人們並不買單。

後來，查爾斯思考，若鐵鍋不行，那麼換成小鐵塊呢？但是，看起來黑漆漆的鐵塊實在引發不了人們願意把它放入鍋內烹煮的慾望。於是，他再將鐵塊改成蓮花造型。這也沒能讓掌廚的主婦願意放鐵塊入鍋。

想改變人的行為，還是得透過觀察，這些人平常如何生活、如何思考、關注什麼。最後，他想到了魚。在柬埔寨，魚和人們的生活息息相關，不但幾乎每餐都吃魚，同時魚也象徵著好運；他將鐵塊改成魚的形狀，這下，主婦終於願意將小鐵魚放進鍋內，認為替全家人帶來福氣。

一個好的創意加上好的商業模式

這個本來只是健康研究的小鐵魚故事，後來發展成為一家社會企業。

二〇一二年，一個商學院的學生蓋文．阿姆斯特朗（Gavin Armstrong）依據小鐵魚的概念寫了一份商業提案，申請到大學補助金及政府資金，與查爾斯共同創立一家社會企業，命名為「幸運小鐵魚」（Lucky Iron Fish Enterprise）。

阿姆斯特朗及查爾斯為了推廣小鐵魚，做了很多功課。要讓當地人全面接受花錢購買小鐵魚，更需要耗費一段教育時間，以及降低成本。經過不斷地溝通、改良、調整，當地人終於願意花錢購買小鐵魚。

在降低成本方面，他們透過在當地生產，使用回收鐵的方式使得生產成本大幅降低。比起服用鐵劑，不但沒有副作用，又便宜許多。

最後，他們成功降低柬埔寨的貧血患病率，每天都有九〇%的居民使用小鐵魚。一個小的善念，最後達到了拯救生命、改善生活的目的。

目前幸運小鐵魚透過以批發價賣給非營利組織的方式來販售；另一種方式是在網站上以「買一捐一」的方式銷售，只要購買一隻小鐵魚，開發中國家的人民也可以獲得一隻。

「買一捐一」的方式在許多國家均

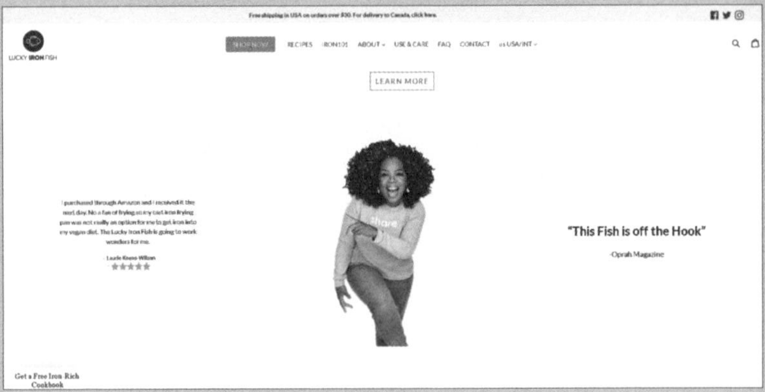

歐普拉在「幸運小鐵魚」官網的推薦。

獲得良好迴響，因為「回饋社會」的概念在生活水準較高的國家更容易打動人心，使人樂於消費及推廣。許多知名媒體如CNN、BBC、Fobes、金融時報……紛紛報導，連美國脫口秀主持人歐普拉也關注且推廣。

幸運小鐵魚還陸續獲得了CLIO國際廣告獎中的「醫療保健類」銀獎，法國坎城廣告獎的產品設計大獎。創辦人阿姆斯特朗曾獲選富比世三十歲以下菁英社會企業家，查爾斯則是二〇一八年CMA青年領袖獎得主。

這個實踐理想且還能營利的社會

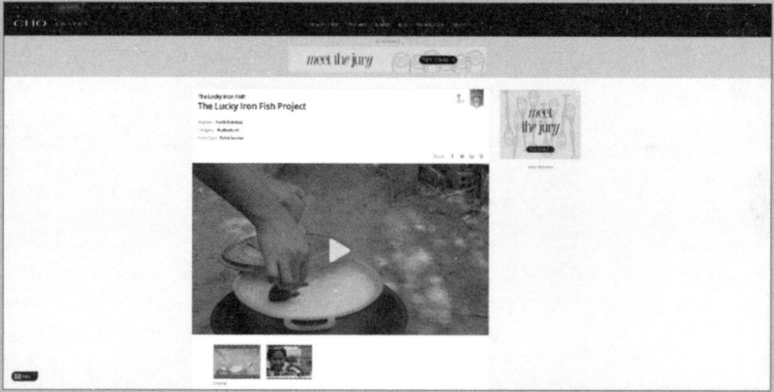

CLIO國際廣告獎「醫療保健類」銀獎
The Lucky Iron Fish Project
https://clios.com/awards/winner/public-relations/the-lucky-iron-fish/the-lucky-iron-fish-project-1266

企業，吸引了許多人願意共襄盛舉。一個本來只是想解決柬埔寨民眾普遍貧血的問題，最後不但成功解決了問題，還發展成為一家社會企業，發揮更大的影響力。

引用時任行政院政務委員唐鳳在「二〇一八亞太社會企業高峰會」上的發言：「創新的力量取決於志業的心有多大，你想要解決世界性的問題，就能調動世界性的資源。」[1]

1 調動全球資源 用跨國力量解決世界性缺鐵問題（https://ubrand.udn.com/ubrand/story/11817/3583001）

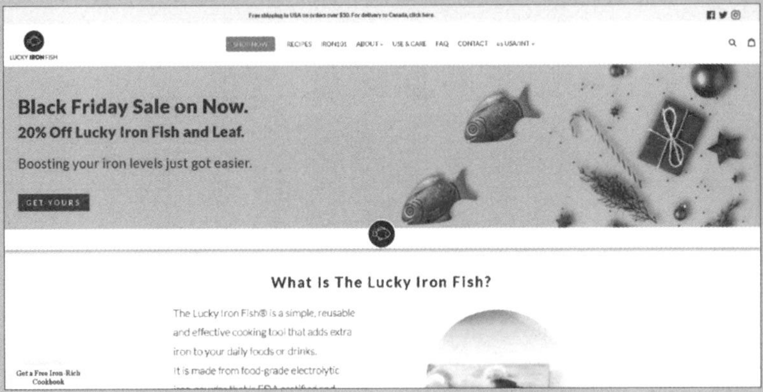

幸運小鐵魚（Lucky Iron Fish）
https://luckyironfish.com/

❖ **參考資料：**

How one lucky iron fish can treat anemia

https://youtu.be/0Lf6glgKt3Q

Why an iron fish can make you stronger

https://www.bbc.com/news/health-32749629

How A Social Entrepreneur Overcame His 'Arrogant Failure' And Won Kudos From Oprah

https://www.forbes.com/sites/robindschatz/2015/10/18/how-a-social-entrepreneur-overcame-his-arrogant-failure-and-won-kudos-from-oprah/?sh=3fc77b6d2044

行動清單

1 你目前心中有哪些想要達成的目標或渴望？可以區分為短期（三個月至一年內）、中期（一年至三年）、長期（三年以上）；寫下來，而且要描述得很清楚，最好心中已經能夠呈現出非常具體的形象。愈是清晰的目標，被實現的機率愈高；愈是公開說出來的目標，也就愈有自我承諾感，愈容易讓周遭的人知道如何幫助你去實現。

a. 短期（三個月至一年內）

b. 中期（一年至三年）

c. 長期（三年以上）

2

你目前或將來，最想要號召他人一起做的事情是什麼？（可以與前面第一題有關，也可以無關；但這一題的重點，必須是需要眾人一起參與的才算）。

你認為什麼樣的「意義感」，可以打動自己和他人，想要一起來參與這一件事情？請寫下來，並且現在就開始著手去進行，不用等到將來。（PS 現在就是將來，除非你心態改變，否則你怎麼過一天，就會怎麼過一生）

3

本章所談到「能夠發揮內在原力的心態設定，與普通人常見的心態做比較」。

a. 請自評：目前現況比較偏向「能夠發揮內在原力的心態設定」，在左方空格打勾；目前現況比較偏向「普通人常見設定」，在右方空格打勾。

左	發揮內在原力的設定	普通人常見設定	右
	一人公司：像一家公司那樣經營自己、爲自己人生負全責	領多少薪水做多少事情	
	三種工作：有金錢收入的 、無償的、自我實現的「工作組合」獲得身心靈的平衡與滿足	找一份有金錢收入的工作	
	利他共贏：利他的比重隨著年齡遞增，吸引更多人來幫助自己	自顧不暇，行有餘力再開始利他	
	成功方程式：網路新世代需多加防護罩，能在獨處當中保持高度專注	多聽他人的意見	
	站對地方：人際網路放大成果的效益，善用網路節點來擴散影響力	市場熱門什麼，就參與什麼	
	無限思維：生命是長期而持續的累積，超越自己比戰勝他人更重要	認爲資源有限，必須競爭	
	沒有壞事：找出壞事背後隱藏的好事，將逆境轉化爲成長的養分	遇到壞事自認倒楣	
	包容力：開啓無限力量的萬用鑰匙，透過感謝心來取得他人的助力	在他人身上貼標籤以化繁爲簡	
	常保初心：以終爲始（Be，Do，Have）	先做再說（Do，Have，Be）	

b. 請依據上表你所填寫的結果，數數看：

左方有幾個打勾？

右方有幾個打勾？

c. 請在半年、一年之後，重新檢視自己的狀況，是否左方的勾勾有更多了？

左方有幾個打勾？

右方有幾個打勾？

第2章

引發共鳴

——強大的溝通與表述能力

前一章提到，要號召他人一起來投入一件事情，需要喚醒他人心中的渴望，然而，並不是每一個人都能順利召喚到很多人來參與，為什麼？通常問題的癥結點，在以下兩個層面：缺乏共鳴、聲量太小。

阻礙順利召喚他人參與的兩大原因

1 缺乏共鳴

你的動機，必須與他人心中的動機相同，才會產生「共鳴」的同頻共振效果。美國學者亞伯拉罕・馬斯洛（Abraham Harold Maslow）提出的「**需求層次理論**」，包含了五種：生理需求、安全需求、社會需求、尊重需求、自我實現。後來人們常以金字塔型的結構來呈現（生理需求是最底層、自我實現是最頂層）；然而，馬斯洛本人從未以金字塔型看待人的需求，他認為，**愈高層的需求可以包含低層需求**。

基本上，以愈高層的需求，例如自我實現為訴求，最容易影響最多的人。然而，對於仍處於經濟困頓、朝不保夕，缺乏安全感的人來說，談自我實現或意義感，太過不切實際。若要號召足夠數量的人來參加，也就必須兼顧基本需求。

提供金錢上的誘因，屬於「生理需求」、「安全需求」或利益交換，通常好用，但合作不會長久，**因爲建立在生理上、情緒上的合作，這兩者隨時在改變，注定是個短暫的結合。**

因此，在號召群眾加入之前，你必須想清楚，在「質」和「量」之間做取捨。若想舉辦一個人人參與的短期活動，就必須同時兼顧各種不同需求層次，愈可以吸引到更多人來；但如果你希望找到少數最契合的人，建立長期而緊密的夥伴關

圖2-1｜需求層次理論

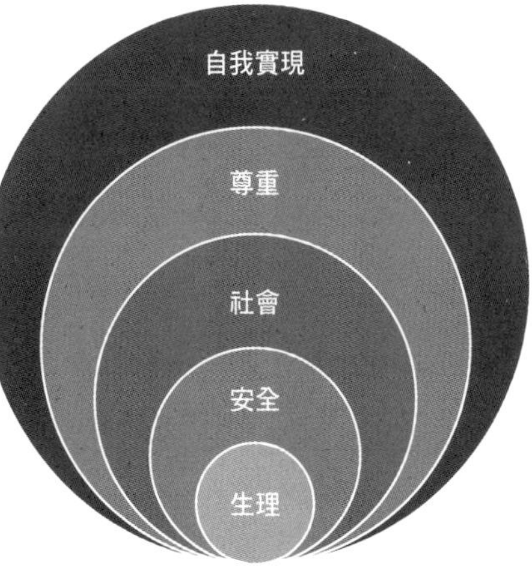

係，那麼定位就要非常精準：只訴求明確的單一目標。

2 聲量太小

在網路時代，人人都可以在社群媒體、公開的網路中發聲，但也因為雜音太多，所以你的聲音更難被清楚聽見。除非**有「超級連結者」幫助你傳播，觸及到許多你原本無法觸及的人，才會獲得加乘（甚至好幾倍）的放大效果**。但在你尚無法透過這些人幫你發聲、擴大宣傳之前，能夠聽見你聲音的人是少數，能發揮的影響力也就相對較小。

網路聲量，是多數人的弱項，卻是現代成功法則中極為重要的一項。根據《成功竟然有公式：大數據科學揭露成功的祕訣》所提出的成功第一定律：「你的表現為你帶來成功，但如果表現的優劣難以判斷，則是人際網路能為你帶來成功。」

無論是缺乏共鳴，或聲量太小，其實有一個共同的方法可以幫忙解決、強化效果；也就是：提高自己的溝通與表述能力，透過某些正確的方法來放大聲量、提高穿透力。

真誠：最高品質的溝通表述

談到溝通與表述能力，或許容易被聯想到「口才」這種天賦或專業技能；然而，在現代全球市場已經過度競爭，過度行銷的結果，人們愈來愈不相信廠商的廣告，就算尋求專業人士來代言也一樣。「口若懸河」往往被視為誇大其辭、過度粉飾，愈來愈難以信賴。

目前的世界，已經進化到了「回歸本質」的溝通，也就是追求簡單、直白、忠實呈現。我們可以從電視或廣播的廣告長度愈來愈短、追求純粹與簡約的表現，驗證這個發展趨勢。

對個人而言，我們不需要滔滔不絕的口才，也不需要大費周章準備一長串的文字來說明，反而需要更真誠的溝通表述。然而，這並不代表不需要練習、不需要任何技巧，而是著重的方向已經大幅度轉向，我們要用更符合潮流趨勢、更貼近科學的方法來呈現。

根據腦神經科學家們研究顯示，大腦中負責處理視覺相關訊號的區域，比聽覺大

圖2-2｜麥拉賓法則

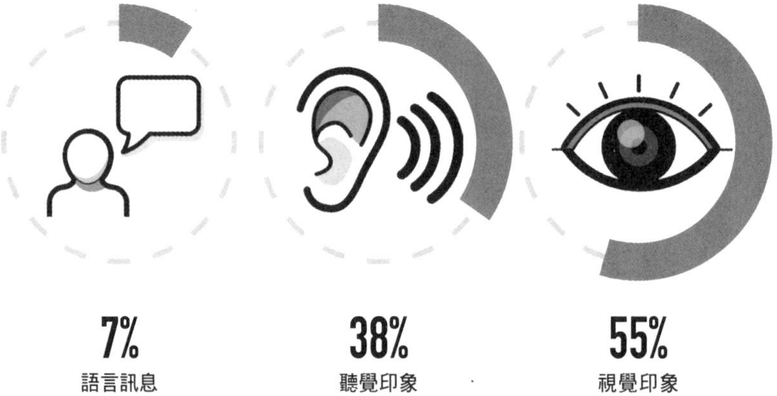

過許多倍，光是視覺皮質就占了成人大腦總容積的三分之一。加州大學洛杉磯分校的艾伯特．麥拉賓（Albert Mehrabian）教授研究更進一步表示，**我們的溝通有五五％來自於視覺印象，而三八％是聽覺印象，剩下的七％才是實際溝通過程所談及的文字內容。**

真誠不矯飾，才打動人心

與其耗費時間在斟酌「該講什麼」，倒不如回歸「該怎麼做人」。當今，有愈來愈多的企業形象廣告，並不是耗費重金，聘請大牌明星來代言，而是由企業的創辦人或經營者自己代言——這才是回歸本質的溝通。

這很實際，因為知名影星或球星，往往同一時間會代言許多不同領域的產品，容易造成形象混淆，而且大家心知肚明，只是廣告需要，這些大明星未必是該公司或該產品的忠實愛用者。相對地，由企業或組織的領袖、創辦人親自代言自家公司或產品，絕對是獨一無二。特斯拉執行長馬斯克，就曾經在一場展示會上親自上陣，因而挽救了瀕臨危機的公司。

馬斯克並非特斯拉公司創辦人，特斯拉是由馬丁．艾伯哈德（Martin Eberhard）與塔本寧（Marc Tarpenning）於二〇〇三年七月一日所創立。馬斯克在公司早期缺乏資金的時候，以「天使投資人」身分投資了六百五十萬美元，成為最大的股東及董事長。公司的營運在二〇〇七年出現種種問題，不斷拖延交車的期限，使得許多已經預付高額車款的買主開始攻擊特斯拉，媒體也一面倒給予惡評，公司已陷入空前危機。

馬斯克在二〇〇七年八月透過董事會，撤換了當時的執行長，並在同年十二月的公開展示會中，主動到現場站台，不僅承諾第一款車型Roadster將會在二〇〇八年初開始交車，並且在台上「親身」展示了車子的馬達系統。

穿著皮夾克，寬鬆的長褲和皮鞋的馬斯克，開始談論這個馬達的性能，然後做出媲美嘉年華會大力士的演出，舉起重約百磅的馬達。「他把這個東西舉起，兩手牢牢嵌住，」索利托說，「他撐著馬達，身體在抖，汗珠從額頭冒出來。這不是力量的展示，更多是肉體展現產品之美」。雖然客戶對延遲交車有很多抱怨，但他們似乎感受到馬斯克的熱情，並分享他對這個產品的熱愛。結果只有少數客戶要求退回預付款。

以上就是《彭博商業週刊》資深科技記者，在他的著作《鋼鐵人馬斯克》（*Elon Musk*）書中的記載。他採訪當時參與展示會的索利托（曾任知名企業PayPal主管），並以生動的文字記下當時的情景。索利托強調：「就在展示馬達的時候，他的行為表現發揮了重大的影響力」。那一場展示會，挽救了岌岌可危的特斯拉公司，並在一夕之間扭轉了危機，成為了一家充滿希望的公司。

一家公司的創辦人或執行長，往往就是自家公司最好的代言人。不需要浮誇的文字或言語，不需要濃妝豔抹、過度包裝，只要專注於本質，以最真誠的方式把這個本質清楚傳遞出來。

廣告並不會消失，但是愈來愈回歸企業本質。在台灣，連鎖通路業龍頭全聯的廣告是由「全聯先生」代言；全家便利商店推出「全家0800說故事」系列廣告，皆由各分店長與店員飾演與代言；有愈來愈多的企業品牌廣告，在公司內部或營業據點取景、由自家員工入鏡，為的就是傳遞真誠的訊息。

每一位職場工作者，也都要把握這個原則——從找第一份工作的面試現場開始，以及每一次轉職與新公司的主管面談，到需要代表公司向客戶或消費者進行溝通，都需要真誠以對。

若虛假不真，結果往往很糟糕，例如到了新公司三個月試用期滿後，老闆認清了事實，例如你並沒有自己所宣稱那樣的能力或水準，就可能請你走人；由於你的浮誇推銷而買單的消費者，發現產品不如預期，在合法鑑賞期滿之前就會申請退貨，甚至提出客訴。沒有人會得到好處，只有不佳的觀感、失去誠信，以及惱人的善後處理。

同頻共振的溝通模式

有關如何強化溝通表述能力，坊間有許多的專業書籍和課程提供指導。然而，在眾多的溝通模式中，「同頻共振」可以達到最佳效益，而且持續的影響力也是最長的，**善用「鏡像神經元」（mirror neuron）又是產生同頻共振最快的媒介**。

科學家們證實，人類溝通大量運用了鏡像神經元——這些神經元「鏡像」了其他個體的行為，就如同自己在進行相同行為一樣。這種神經元在靈長類、鳥類等相對較高智商的動物身上發現。對於人腦來說，在前運動皮質、運動輔助區、第一軀體感覺皮質、頂葉下皮質等中都有找到了這類神經元，是人們藉以理解他人行為、交流情感、學習新事物的重要媒介。

我們該如何善用它來提高我們的溝通效果呢？**必須讓自己想要傳達的想法，同時透過肢體語言、臉部表情變化、講話的語調和音量、文字內容等形式，讓對方接受到「一致性」的訊息**，這些一致性，在接收端會透過鏡像神經元發揮同步作用，而讓對方「感同身受」，自然產生「同頻共振」的效果。要讓自己所發出的各種視覺或聽覺等訊息上，充分達到一致性，就是我們需要練習的，也是最值得花時間去學習的技巧。

每一屆奧斯卡金像獎或全世界知名的其他重量級電影獎最佳男主角、最佳女主角，都是「同頻共振」溝通的最佳表率。他們不需要長得很帥、很漂亮，甚至根本不需要面貌姣好；但是在主演的電影中，他（她）們的一舉一動，一顰一笑，都可以完全觸發你的鏡像神經元，讓你感同身受、宛如置身其中。

高效溝通講求「一致性」之外，第二個重點就是「對方在乎」。如果我們所談的，對方完全不在乎，那麼就算我們講得再多，都沒有用；**如果我們可以主動談及對方所在乎的，就算只有幾句話，都能說入對方心坎**。

「引發共鳴」就是最高效的公開演說方法。安德魯·伯尼特所著《策動：引燃文明與衝突的50場關鍵演說！改寫歷史的人是在鼓舞還是煽動？》（*50 Speeches That Made the Modern World*）分析了五十位人類歷史上的重要人物，包括列寧、甘地、愛因斯坦、赫魯雪夫、金恩博士、曼德拉、希特勒等。他們在世界各地所發表的重要演說，影響了許許多多的人，甚至改變了世界。而**這些人演說的過程，都充分展現了「同頻共振」效果**

圖2-3｜說服和共鳴不一樣

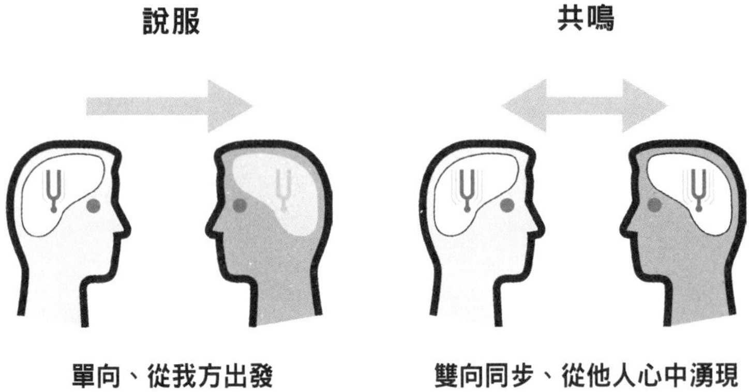

——不是「說服」，而是「共鳴」。

「說服」是以自身的想望，試圖讓對方接受、願意配合你去完成。「共鳴」則是從他人心中喚醒自己深層的渴望，所以會認爲是自己想要的，而你要爲他們實現。「說服」是單向的、從我方出發；「共鳴」是雙向且同步的、從他人心中湧現。

前面提到，馬斯克那一場撼動人心的馬達展示，就是善用「共鳴」，去喚醒每一位訂購的車主或在場的潛在車主，把他們心中潛在的渴望拉升到意識層次：想要成為「全電動車」的全世界首批駕馭者，這是一種非凡的身分地位象徵，只要成為首批特斯拉的車主就可以實現這個渴望。因此，經過那一次馬斯克「親身展示」之後，幾乎就沒有預購者想要求退款了。

溝通表述的四種層次

溝通表述的方法多樣，且因人而異、因時因地制宜。過去二十多年來，我在大大小小的場合聆聽演說，也觀看了許多演講影片或線上直播，自己則累積了一千場以上的公開演說或受訪的經驗，發現不同形式的溝通，往往產生截然不同的效果。

暫且不論演說者的溝通技巧優劣，而單就對於聽者的「影響力深度」來評估，大致可分為四種層次：推銷、提供資訊、解決問題、提升力量。分述如下：

① 推銷（Promotion）：強調公司或產品的優點

這是大多數具有商業色彩的演講、公開展示時必要的元素之一，沒有一家公司想要花錢請業務行銷人員純聊天，然後完全賣不出任何的產品；而一家業績不好、市占率持續衰退的公司，形象也好不起來。

然而，現代人每天被海量的廣告所轟炸，不會接受你到他面前推銷，如果沒有特別的利益點，就會選擇略過。**倘若一定要提到公司或產品的資訊，請改用後面「解決問題」或「提升力量」的形式，或放到溝通的最後階段做補充說明。**

②提供有價值的資訊（Provide Information）：告訴聽眾他們所不知道的

美國募資專家歐倫．克拉夫在《為什麼Google、LinkedIn、波音、高通、迪士尼都找他合作？》（*Pitch Anything*）提到人類思考的三階段，資訊進入大腦以後，經過三個處理流程：鱷魚腦（腦幹）→中腦（邊緣系統）→人腦（新皮質層）。

鱷魚腦負責處理的是最基本的本能反應，只對新奇、是否危害生命有反應，發現某件事物特別複雜時，會迅速總結並拋棄；中腦負責處理情感交流、感受；人腦則是負責思考、邏輯、計畫與抽象思考。所以當資訊進入大腦第一階段，若鱷魚腦對進來的資訊既不感到有趣也沒有感受到威脅時，就會無視它。

這也是為何有人開會或提案講話沒人聽的原因。

了解大腦處理資訊的運作方式後，注意在開口溝通時，能夠講出聽眾們所不知道的，無論是新奇的人事物，或不為人知的趣事，都可以引發聽眾的好奇，願意繼續往下聽。此外，你必須留意這些事情必須和他們有關，否則即便一開始願意聽，但後來發覺，你說的和他們一點關係也沒有，那麼結果必然不會有交集、沒有共鳴，對方很快就會不耐煩，甚至打斷你說話。

③解決問題（Problem-Solving）：幫助聽眾解決他們的問題

前面兩個層次，通常未必能讓聽眾覺得受惠，因為那是從你的立場出發，向他們單向傳送資訊，人類的鱷魚腦有很強的保護意識，將「陌生資訊」視為威脅，**因此現代人對於不認識的人所說的話都很有防備心，像是隨時有個防護罩在保護**，所以你想傳訊息過去也不會被接收，你講再多都是浪費力氣。

若你能幫忙解決對方的問題，那麼就是雙向的了，你必須確保所談的內容與聽眾切身相關才行。最好的方式是先拋出幾個試探性的問題，聽聽看對方怎麼回應，找出他們比較關心的事情，只要引起興趣他們就會放下防護罩，讓你可以繼續談下去。

④ 提升力量（Power-Enhancement）：幫助聽眾提升自己、擁有更強能力

一場演講若能夠讓聽眾聽完之後，有「長知識」、「長智慧」、「學到了」的感覺，讓人留下深刻的印象，這就是場很成功的演講。然而，最高層次的溝通表述，要讓人們聽完你所說的之後，獲得更大的信心或力量，或者擁有了資訊上的優勢，可以去向他人轉述而獲得關注或人際上的好處。

你必須扮演「經驗提供者」的角色，無論是你的個人體驗，或你從他人那邊學來的經驗都可以。透過經驗分享，幫助聽眾了解一些他們也關心的事情，或者因此學會了原本不會的東西，這就非常有價值。若因此受到聽眾的讚賞，甚至結交成為朋友，之後還會繼續保持聯絡。

很慶幸我自己在踏入職場的早期，擔任了業務工作兩年多的時間，需要大量與陌

生對象洽談合作機會，而且遇到能力很強的業務前輩傳授我經驗。其中一個讓我受益無窮的心法，就是**「不急著講自己想講的，而是讓對方盡情說他們想說的」**。尤其營造一個氛圍，讓對方充分感受到被尊重、被鼓勵時，能「盡情」地說，他們就會愈講愈多，把真正的想法說出來（而非僅止於客套話）。如此，你才能聽到對方心裡的聲音，知道他們關心什麼、遇到什麼問題，或有什麼想望；於是，**我們就可以從他們的需要中，找到自己能夠貢獻的價值**，適時將我們所知所能拿出來、幫助他們。就算問題無法真正被解決，但至少對方會感受到我們與他們站在同一戰線，獲得了我們支持的力量。

一位資深業務教我的事

回想我剛從台大商研所畢業，進入到職場上的第一份工作，是某一家外商基金公司的業務，負責與代銷的銀行聯繫合作，透過銀行的通路來推廣公司的基金或服務。

有一次，我們部門內一位年近六十歲的資深業務前輩，主動跟我說要帶我一起去基隆談生意，要跟某間尚未往來的金融機構洽談產品上架，順便作為經驗傳承，讓我這個新人觀摩如何談生意。

到了基隆，與對方見面、交換名片、輪流自我介紹之後，那位資深前輩就打開了話匣子，聊一件對方公司近期相當火熱的話題，然後也請教對方主管，想聽聽他的意見。對方主管在備受尊崇之下，當然也順勢發表了自己的看法，就這樣聊了將近半小時。

隨著時間流逝，我心裡一直在想：「不是要來談產品上架嗎？怎麼完全沒提？是什麼時候才要談？」

然而，我的前輩還不打算開始談產品。而是轉而談起一件自己過去三十多年來，震撼業界的往事。這段故事與對方當前的處境類似，且更具故事性；他一講起故事，不但高潮迭起、驚奇不斷，在場的大家也都聽得津津有味。

最後，他們兩位資深前輩相談甚歡，要走之前才請我拿出產品上架的相關資料，由對方主管交代底下的部屬進一步去研究。所以，長達一小時的洽談，最後談正事不到十分鐘，主要是一場非常愉快的下午茶閒聊、交流經驗的時光。

後來案子成了，我們公司產品順利在對方平台上架，我真是驚訝。之後經過多年的商場磨練，我自己也代表公司去洽談大大小小的合作案，最後我慢慢明白，**所有的人事物，一切都是先由「人」開始的，只要人和，那麼自然就會想辦法去找出天時、地利，一起來完成一件事情**。只要對方喜歡你了，接下來要談什麼事情、賣什麼產品都很容易；若對方討厭你，那麼一切都難上加難。

當然，那位資深業務前輩在約訪對方之前，就先打聽過對方主管，得知也是差不多歲數的資深圈內人，所以可以理解，對方經手的產品太多了，根本沒有需要再多事去簽更多合約、增加自己負擔。但如果很談得來，那麼情況就不同了，至少會願意花一點時間來看一下我們的東西。

我也將這樣的體悟，運用在我大大小小的公開演講或溝通表述上。**開場時，一定要先拉近彼此的距離，讓彼此建立「站在同一邊」的感覺**，讓對方充分感受到，我們並不是來兜售任何產品或觀念的，也沒有要疲勞轟炸任何人，而是希望可以藉由彼此的專長（或各自的資源），一起來解決什麼問題，或尋求某一種雙贏的契機。因此，我的演講幾乎都是以前述第三層次（解決問題）、第四層次（提升力量）為主體，**只**

要先幫助對方解決了他們的問題，未來必然會有進一步回饋、互惠合作的機會。

這樣的做法，**雖然不會第一次見面就談成事情，但是之後會談成很多事情。**愈是急於第一次見面就達到自己想要的目的，也就愈難達成。這就是**「利他共贏」的精髓——要達到共贏的結果，唯有從利他開始。**

創造最佳演講效果的三要一不

成功的溝通表述或演講，要盡量採取前述「溝通表述的四個層次」較高層次作為主體，去規畫整個骨幹架構和表述的方式。此外，在過程中若能掌握以下「三要一不」的心法，往往可以達到最佳成效。

1 要真誠

唯有真誠，聽眾才會解開自己的防護罩，真正聽進你所說的話。我看過某些講者，在演講結束時，聽眾是掌聲不絕於耳的，而且會在散場後圍在講者旁邊，想要進一步請教，或者想留下彼此聯絡方式，甚至邀約下一場演講。這些講者並不是職業演說者，而只是**真切地把他們畢生的經驗，濃縮萃取出一些智慧精華**，共通點就是真誠地分享，其他都是次要了。

② 要有故事

把真實的生命故事放進去，是最令人有感、且能讓聽者長時間留下記憶的。寓言故事有時候可以派上用場，但仍比不上真實發生在你身上的故事；寓言故事可以千變萬化，但唯有你的生命故事是獨一無二、外面聽不到的。**分享一個只有你能講得出來的生命故事，就是最精采的事**。

③ 要創造機會

我最不喜歡的演講是「商演」，也就是收錢然後去講主辦單位希望你講的東西。我不喜歡，一則因為那不一定是聽眾真正最需要的，二則是主辦單位通常不希望岔題，所以我不能邀約其他好友一起上台分享，或讓現場聽眾也有機會拿麥克風說說他們的想法。**給別人機會，是給自己機會；一個好人獲得成就，通常也會報答給過他們機會的人**。若你無法安插其他人同台，不要只顧講自己的，讓用心聆聽的觀眾有和你互動的機會，人人都會感受到這股尊重。

④不要過度膨脹

行動網路普及的現代，資訊幾乎是透明、無所不傳的，我們過度膨脹任何人事物，很快就會被戳破，引來反撲。把某些東西講得太好，會讓自己的誠信被打折扣。**演講者是好的傳道者，只要傳遞的是真實、真理，必然會有穿透力，真理不需要我們去膨脹它**。

行動清單

1

a. 針對「強大的表述與溝通能力」，印象最深刻的是哪一位（或哪幾位）講者？

b. 為什麼他（她）們讓你印象最深刻？請回想並且寫下來，將他（她）的演講中讓你印象深刻的方法，轉換為你將來也可以嘗試使用的方法。

提醒：請著重在「方法」——可以參考借鏡的部分，而非對方的「特質」。每個人都有自己的特質，也因而產生「特色」，即便是同一種「方法」套用到不同特質的人身上，也會產生不同的特色和效果。

2

a. 回想一下，你自己過去曾經做過的公開演講或表述的場合，哪一次的成效最好？

b. 上述的場合比較偏向「溝通表述的四種層次」（推銷、提供有價值的資訊、解決問題、提升力量）當中的哪一種層次？

c. 請思考，上述的場合如何改用較深度的溝通層次來表述？請寫下來，未來有類似機會時，就請改用較深層的方法來嘗試。

3

a. 你下一次需要對眾人進行溝通表述，預計是什麼時候？什麼樣的場合？

b. 請以「創造最佳演講效果的三要一不」原則，來規畫設計你的內容，最好能同時發揮這四點原則，效果可以達到最佳化。請將你目前想到的，重點式寫下來，這會增加你的記憶，並且提高了自己將來可能運用的機率。

PART
2

控管變數

manage variables

前面的章節我們談了心態設立，如何點燃熱情和引發共鳴。接下來，要進一步探究，實際執行時會遇到哪些事。就像拼圖，少了一塊就不完整。我們要達成目標的過程中，創意、資金、人脈、關鍵技術或零件、時間和流程這五大關鍵變數攸關事情的成敗。

第3章

什麼是變數？

二〇二二年，由關家永、丹尼爾・舒奈特編導，楊紫瓊、關繼威主演的電影《媽的，多重宇宙》（*Everything Everywhere All at Once*）上映後全球大熱。在電影中，有個無數平行宇宙的設定：在當下時空所做的每一個決定，都會在另一個時空產生一個新宇宙。

電影中的設定，替我們設想了我們所做的以及未做的每一個決定後果。但，跳出電影，回歸到現實世界呢？

無論任何事情，或我們所處的世界，從現在到未來的可能發展，呈現出發散性的狀態，存在著許多種「不同的發展路徑」，每一條路徑發生的機率高低不同，充滿了不確定性。

就因為充滿了各種不確定，為了降低風險、提高勝率，最後人類才發展了許多決策方法。這都是人的本能，我們討厭不確定。但是思考、做決定，對大腦來說是很累、很消耗能量的。這也是為什麼人們習慣用直覺思考。對於日常生活的例行工作，可以不必經過特別的深思熟慮，但某些攸關未來，所要執行的計畫，就必須切換思考的方式。

「為什麼我懂那麼多道理，卻過不好這一生？」

有些人會這樣問。這是因為沒有掌握到「成功者和尋常人的差別」。

面對未來的發展，你可以坐視不管，任由它自然發生；你也可以**採取某些行動，來改變它們發生的機率，讓事情朝向你比較希望發生的方向靠攏**。坐視不管毫不費力，但是現實往往殘酷無情，通常不會偏厚於你；採取行動盡力而為，儘管現實未必完全依我們所願，但在這個過程中，你會知道是哪些因素導致事情未能如預期發展。事後，還能透過反思、覆盤，找出原因。

若我們能夠找出一件事情或一個任務最關鍵的幾個變數，並且對這些變數施力，改變它們，將其控制在我們預期的範圍內，那麼，成功的機率也將大為提高。

《內在原力》提到：「整個世界都是兩階段創造的過程；先有意念，然後具體化實現。」

要想實現，就不能忽略關鍵變數。

圖3-1｜找出關鍵變數巧妙施力

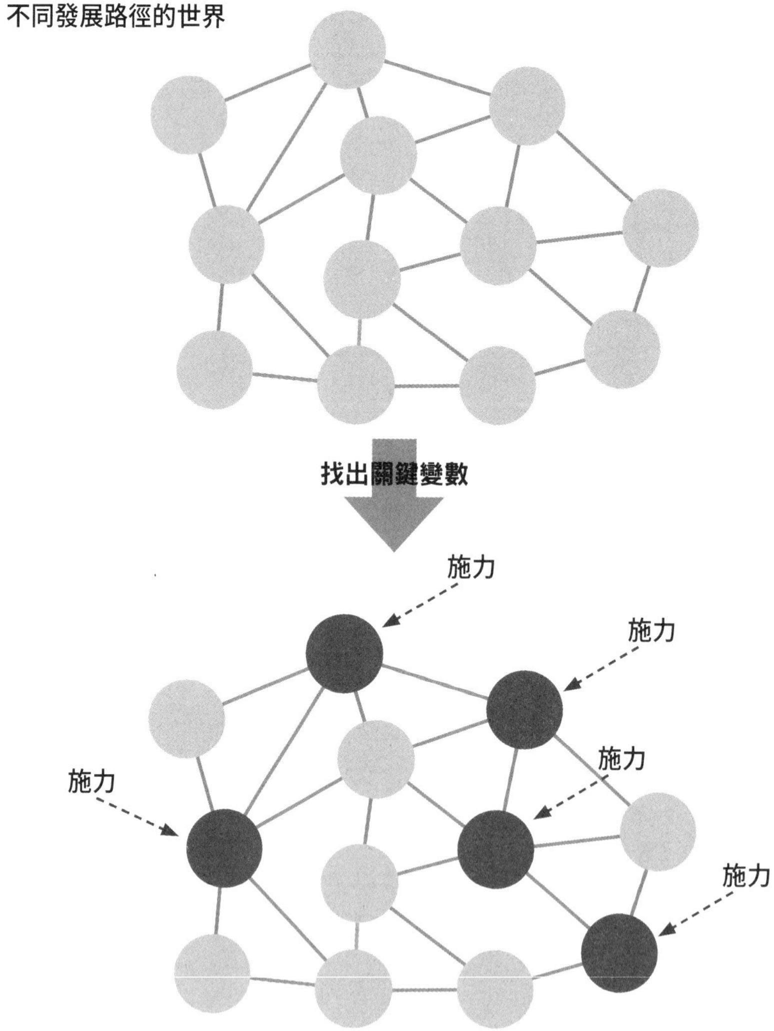

影響成功的五大關鍵變數

能夠影響一件事情能否成功的因素，都可以稱之為「變數」——可以分成五大類：創意、資金、人脈、關鍵技術或零件、時間和流程。

儘管有這五大變數，但並不代表你必須同時控制這五個變數才能成功；相反地，每一個行業都有它的特性，你只要能夠辨識出屬於這個行業的關鍵變數所在，並在該變數上獲得優勝，你也就贏了整場賽局。

這就像打橋牌時，比的是關鍵花色（王牌）的大小，其他花色的牌對

圖3-2｜影響成功5大關鍵變數

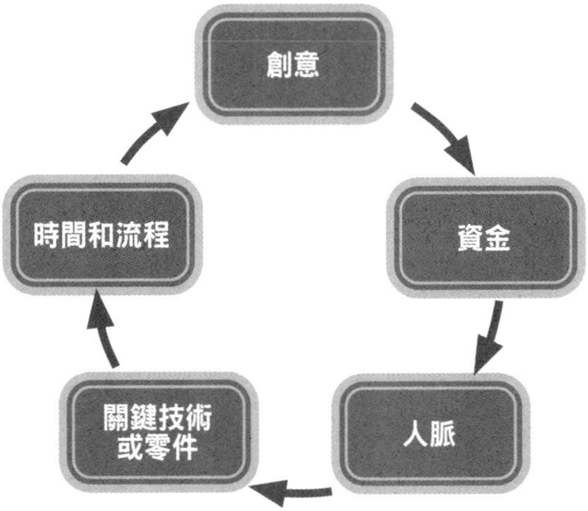

勝負的影響都不大，與其耗費心神在控制那些無關緊要的選項，不如聚焦在最重要的事上，而辨識出王牌就是經營管理者最重要的責任。

例如，Netflix打敗了曾經在全美有九千家分店的百事達（Blockbuster），是在「時間和流程」這一個關鍵變數上取勝的；百事達儘管在其他四大變數上占盡了優勢，毫無給敵人進攻的機會，但輸在關鍵變數上也就把整個市場拱手讓人了，我們會在稍後的第八章「時間和流程」該章探討這個案例。

如何找出行業內的最關鍵變數？

一件事情、一個目標能否順利達成，都可以拆解成許多不同的「元件」（有些稱為模組，或零組件），而每一個元件都會有對應的變數。成功者之所以會成功，就是他們掌握住了最主要的那幾個變數——不需要控制所有的一切，而是關鍵的幾個變數。

如果一位經營者沒有能力辨識出自己行業的關鍵變數，那麼他所領導的公司未來的存亡將令人擔憂；如果任何一位職場工作者無法認出自己工作上的關鍵變數，那麼他的職涯發展最好的狀況也可能只是平庸。無論是經營者或上班族，都必須要求自己去關心、認真檢視行業內的競爭態勢，努力找出輸贏的關鍵變數所在，而最簡單的方法就是問自己三個問題：

❖ **第一個問題：**行業內最頂尖（或最賺錢）的公司，他們是在哪一項變數上明顯取得優勢？

❖ **第二個問題：**行業內哪一家公司成長最快速？他們是在哪一項變數上明顯取得優勢？

❖ **第三個問題：**有沒有認識上述的公司裡面擔任主管的人？有的話，去向他請教；若無，則諮詢行業內的資深顧問。

不要覺得沒有人會告訴你真正的答案，這是一種庸人自擾的「限制性信念」，只會困住自己；你只要有膽識、有決心要做一件事情，全宇宙都會聯合起來幫助你——因為你一旦成功了，無論是否加入你的陣營，幫助你的人都覺得自己也會因此而受益。這在商場上是一種隱形、雙向的互惠互利關係，俗稱「人脈」。

若你在一個行業內毫無有用的人脈，老實說，你要出類拔萃是很困難的，請好好想清楚是否要跨進（或繼續待在）這個行業內。若你是新進入者，而且有意成為這個行業內的經營者，那麼最好尋求商業顧問的協助。通常初期只是問幾個問題並不會收費，而是在確定要投入該行業之後，在設立公司、撰寫營運企畫書、籌資募股的階段，顧問才會開始收費。

行動清單

1

a. 你認為自己目前所處的行業中，最重要的變數是什麼？（請從以下勾選至少一個，至多三個）

□ 創意

□ 資金

□ 人脈

□ 關鍵技術或零件

□ 時間和流程

□ 其他：＿＿＿＿

b. 依照你的觀察和判斷，行業內最頂尖的公司、以及成長最快速的公司，他們各自在哪些變數上明顯取得優勢？

行業內最頂尖的公司：

行業內成長最快速的公司：

c. 請根據以上b.的現況，思考可以從這些表現優異的公司習得什麼經驗或做法，協助自己在工作或職涯發展上提升？或者，你也可以思考是否有機會加入他們？如果想加入他們，具體的時程安排及行動方針如何安排？

2

請檢視你自己個人的生涯發展，在「一人公司」所扮演的人生執行長（CEO）、財務長（CFO）、行銷長（CMO）、技術長（CTO）、營運長（COO）五大角色。對照下表來進行後續的填答。

角色	在個人生涯發展上的主要功能	對應的關鍵變數
CEO：執行長	確立人生願景、設定目標、做決策	創意
CFO：財務長	個人財務管理、預算及收支管理	資金
CMO：行銷長	行銷推廣、累積知名度、拓展市場	人脈
CTO：技術長	專業能力的發展、第二專長培養	關鍵技術或零件
COO：營運長	時間管理、安排行程、流程優化	時間和流程

a. 你自己能力相對較強的是哪幾項？（請勾選一至三項）

□ CEO：執行長
□ CFO：財務長
□ CMO：行銷長
□ CTO：技術長
□ COO：營運長

b. 你自己能力相對較弱的是哪幾項？（請勾選至少一項）

□ CEO：執行長
□ CFO：財務長
□ CMO：行銷長
□ CTO：技術長
□ COO：營運長

c. 針對較弱的部分，你可以找到哪些人與你合作來補強？（請寫下至少兩位不同的對象，然後主動思考未來可以怎麼合作？並主動與對方聯繫，提出你的邀約，尋求合作機會。）

第一位：＿＿＿＿，未來可以怎麼合作：＿＿＿＿

與他們聯繫的日期：＿＿月＿＿日

第二位：＿＿＿＿，未來可以怎麼合作：＿＿＿＿

與他們聯繫的日期：＿＿月＿＿日

第三位：＿＿＿＿，未來可以怎麼合作：＿＿＿＿

與他們聯繫的日期：＿＿月＿＿日

第4章

變數1　創意

——未來的稀缺資源

本書談到了許多企業實例，他們透過掌握了某些「關鍵變數」，掀起了產業革命。其中有案例指出：是一開始的創意構想引發了一連串的改變。本篇最後的「鮮乳坊」案例分析，從一個人到一群人，用一瓶牛奶改變一個產業，最關鍵的要素就在於，創辦人對經營的想法與既有業者明顯不同。

＊＊＊

很多人覺得創意很虛幻，很天馬行空，似乎要有嶄新的想法、富有想像力才行，認為創意在商業上無法管理；然而，這是個迷思。事實上，當我們仔細檢視、分析所有成功的企業個案，都可以發現每一件創新的產品或服務誕生，很少是憑空出現，而是將世界上已經存在的方法或構想，借用到其他不同領域去應用，進而在新領域發展出令人驚歎的成果。

我們可以先從不龜手之藥的故事開始說明。

惠子跟莊子說，魏王送他葫蘆種子，種植後結成五石大的葫蘆，但卻因為太大，既不能用來裝水，也沒有適合的東西可以收納，覺得沒什麼用就打破了。莊子聽了，於是說了一個不龜手之藥的故事。宋國某人善於製作防止皮膚凍裂的藥，家族世代以漂洗棉絮為業。有人聽說，以百金求藥方獻給吳王。吳王便讓他統帥軍隊。冬天越國來犯吳國，兩國水戰，吳國水軍有良藥護手，將越軍殺得大敗而歸。獻藥方者也因功獲得封賞。莊子說，同樣都是防止皮膚凍傷的藥方，有人就只能世代用來漂洗棉絮，有人則靈活運用，獲得封地，這都是使用的方法不同。有用、無用，也要看人的視野和使用方式而定。

莊子的不龜手之藥故事，正說明了每個人透過框架看世界的角度不同，思考方式迥異，同一項事物或問題，反應和提出的解答也不同。一般人常困在既定的認知框架，跳脫不出自己的思維慣性，就沒辦法更好地解答偉大的問題。

賈伯斯、馬斯克都是公認為有創意、創新能力的人。他們都能解答偉大的問題，進而改變行業遊戲規則、改變世界。

賈伯斯將全錄（Xerox）PARC新開發的「圖形化使用者界面」（GUI）技術，應用在麥金塔電腦上，透過滑鼠點擊螢幕上的圖示，即可讓使用者無須再學習DOS電腦語言就能輕鬆操作電腦，大大地降低使用者的使用門檻。除了善用「圖形化使用者界面」的創舉之外，他還改寫了手機的定義，跳脫了傳統工程師的思維，去除了當時流行的實體鍵盤和手寫筆，引領公司推出了iPhone手機，這款劃時代的產品，重新設定了產業的規則，徹底顛覆所處行業。

同樣讓所處產業起翻天覆地變化的，還有馬斯克經營的特斯拉及SpaceX。汽車產業和航太產業，因為門外漢進入產業，全然不依照產業既定的邏輯走，只是依循著所設定所要解決的問題，而提出一個不同的解決方案，進而推出電動車特斯拉以及發射可回收火箭的公司SpaceX。

從上述的例子，看到了有創意的人對於一個既有問題，所提出的一個好的解決方法。很多時候，針對一些慣常的解決方法提出新思維、新方法，這樣創意就出來了。

創意是新舊混搭

創意並非少數人獨有，也非虛無飄渺無法言說。太陽底下沒有新鮮事，利用「舊瓶搭新酒」這種舊點子結合新方法的混搭方式，已經許多人用過。

關於創意，《為什麼這樣工作可以快、準、好》（*Smarter Faster Better: The Secrets of Being Productive in Life and Business*）裡引述賈伯斯所言：「如果問創意人士他們是怎麼辦到的，他們會有點內疚，因為不是他們辦到，他們只是看到某樣東西，然後拿過來用。他們自然而然運用，有辦法連結過去的經驗，接著整合成新東西。創意人士之所以有辦法新舊結合，是因為他們的經驗比別人豐富，比任何人都還要常想著自己的經驗。」

由上所述可知，**新點子的誕生通常來自生活經驗、已知的知識體系**。

值得一提的例子還有：拍立得的發明改寫了攝影界，將原本底片需要經過沖洗的過程，轉變成將鏡頭記錄下的圖像直接轉印成相紙。為了替肯亞鄉下民眾解決銀行存款及轉帳問題，肯亞電信商薩法利通信推出行動支付服務M-PESA，讓轉帳、支付等功能都能透過App完成，不但解決了肯亞銀行不普及的問題，也帶來了新的運用，影響所及，中國的支付寶也是學自M-PESA[1]。

結合舊點子新方法也見於表演藝術領域。全美爆紅、在百老匯一票難求的大熱門音樂劇《漢密爾頓》（*Hamilton*），是史上第一部嘻哈說唱音樂劇。題材是美國開國元勳亞歷山大漢密爾頓的生平事蹟，最特別的是全劇以代表反權威的「嘻哈」演唱歷史故事。自二〇一五年在百老匯首演以來，加入嘻哈元素的嶄新創意就大受好評，沒人想到原來緣起於次文化的嘻哈，也能與音樂劇結合，不但迅速爆紅，票房大為成功，更囊括許多重要音樂獎項，並應當時的美國總統歐巴馬邀請至白宮表演。

向不相干的領域借點子

《深思快想：瞬間看透事物「本質」的深度思考力》（深く、速く、考える。「本質」を瞬時に見抜く思考の技術）裡是這樣說的：

一般誤以為「劃時代的構想是憑空產生的」。但事實上，無論是不是天才，都是從某地方借點子想出來的。

愛因斯坦說：「**創造力的祕訣在於知道如何隱藏你的構想來源**（The secret to creativity is knowing how to hide your sources）。」也就是說，即使像愛因斯坦這樣的天才，也會從物理學以外的領域借點子，將它們組織在一起，產生可引發物理學革命的概念。「隱藏構想的來源」是指盡可能從跟自己不相干的領域借點子，比較不會被發現點子是借來的。

例如，某便利商店經常借用其他連鎖超商的點子，但因為誰都可以模仿，對競爭沒有幫助。不只超商業界，許多人都會被「業界常識」之類先入為主的觀念所限制，導致構想只能從有限的範圍產生。

但若向服裝或速食業等其他產業借點子，就能跳脫業界常識，產生其他便利商店難以想出的點子。若能更進一步，向醫院經營或學校等「與一般營

1 【瘋狂新非洲之四】肯亞超狂創新力！就連祖克柏也不敢忽視〉，今周刊，二〇一九年一月。

利事業不同的領域」，或是音樂、數學等「完全不同的專業領域」借點子，就可能產生更超越時代的構想。

從自己的領域借點子是模仿、剽竊，他人會覺得「這種點子誰都想得到」。借用鄰近領域的點子能產生嶄新的構想，他人的反應會是「糟了，原來還有這招」。向完全不相干的領域借點子，則是天才的靈感，他人的反應會是「不知道這種點子是怎麼想出來的」。

書中也舉了德軍向馬戲團借點子的實例，說明如何從乍看之下不相干、完全不同的領域借用點子。這個方法的要點是，「如果發現有兩個問題結構相同，而另一個問題已經有人解決了，就可以把他的策略拿來應用。」

第一次世界大戰前，德國夾在法國和俄國之間，面臨左右夾攻的危險。為此，德國特別在國內架設多條鐵路，為的是防備遭到法、俄兩國夾擊時，還能利用鐵路機動性地移動大量軍隊，捍衛自己。

不過，德國面臨的難關是，「在短時間內用鐵路移動大量軍隊」的專業技術。一般人遇到這個難題，可能會困在原來的框架想事情。但是，德國後勤部卻是跳脫原來的侷限思維，從軍隊完全無關的領域思考，進而找到解決問題的方向。

那位專家向美國馬戲團找解方。

當時美國的馬戲團有短時間大量人員和物資撤退與移動的需求。馬戲團為了因應美國的國土廣大、城鎮星散的地理特性，而發明利用特製車輛，用鐵路在城鎮間移動的方法，方便馬戲團巡迴全國各地表演。

於是德軍派人到美國馬戲團學習用鐵路移動的方法。包括如何撤除巨型帳棚、用貨車運送動物、特製的專用貨物車等，這些都超出了德軍原來常識範圍。

德軍能向看起來不相干的馬戲團學習，是因為看透問題的本質，找到了問題本質結構相同之處，向已經有解決方案的馬戲團學習，將之用在軍隊上，破除只能在原有領域找點子的迷思。

＊　＊　＊

《內在原力》第三章「利他共贏」有一個獨創的論點：利他的比重要隨年齡遞增。許多讀者特別有感，問我怎麼會想到這樣的建議？答案是借鏡投資領域。在投資理財上有一個被廣為接受的基本原則：股票與債券的資產配置比例，要隨著年齡調整；年輕時可以投資較多股票，而退休、年長者需要較多債券這種固定收益的資產。因此，投資領域這樣建議的原因是依照不同的年齡，風險承受度也要隨之調整；利他比重也一樣，隨著年齡的增長，能力成長，利他比重也可以提高。

此外，《內在原力》書中談到「黑洞人」和「恆星人」，也讓許多讀者印象深刻；而這樣的創意巧思，則是向天文物理學領域借點子。宇宙中的黑洞、恆星，都是非常具有代表性的存在、具有強烈意象，若拿來比喻人，不也很貼切嗎？或許曾經有人做過類似的比喻，但第一次使用「黑洞人」和「恆星人」來命名，就成為創舉。

創意怎麼來？

創意是許多難解習題的觸發劑，人們更想知道如何讓人更有創意。目前最新的腦神經科學發現，**大腦中的預設模式網絡（default mode network，簡稱DMN），是腦神經系統的重要功能之一，也是創意生成的最佳環境**。

在DMN模式下，思緒會在過去所有的訊息與經驗中飄移、跳躍，可以迅速地擷取任何過去已知事物，加上突發奇想，進而轉化、生成一種新的構想或產物，也就是那個「電燈泡突然亮起」的靈光時刻，許多的創意與靈感都是如此誕生。看起來雖然是沒有特定外部刺激需要馬上去回應的狀態；然而實際上，大腦的耗能卻是比在執行特定要求時（例如東西掉了撿起來）還要高出二十倍。

DMN在以下幾個情況下，最為活躍：

1 正在做一件已經駕輕就熟的事情時，例如散步、洗澡、慢跑。

2 做白日夢時。

3 腦筋清醒，但是並沒有需要執行任務時，例如正在聽一首很熟悉的歌曲，或坐在咖啡館看著窗外時。

從這幾種情況來看，都不是忙於執行眼前的工作的狀態，反而是在休息時出現。因此，愈來愈多實證研究表明，要讓員工有休息的時間，才容易激發創意——**太過於注重工作的產量或效率，反而可能扼殺了創意**。

刻意休息激發創意

包含Google在內的不少矽谷最具競爭力的公司，都奉行「二十%時間」政策——鼓勵員工在他們日常工作職責以外，花上二十%的時間來思考，開發其他能夠幫助公司未來發展的計畫；同時也確保在突發事件發生時，員工有充分的餘裕去解決問題，或嘗試改良現有的作業流程。

人們可能直覺地認為：「專業者不休息，業餘者才休息。」事實上相反，應該說是：「**專業者會休息，業餘者不休息**。」當一個人過度忙碌，不留空檔讓自己的腦子進入DMN模式，將陷入「拚苦勞」的狀態，難以跳脫出現況、發現更好的方法或路徑。

我曾在一家外商公司工作十二年，該公司對於每一位主管的要求，就包含了上述「二十%時間」的原則。如果每一位主管都百分之百專注在自己部門或單位內的工作，那麼跨部門的工作又該由誰來做呢？只顧自己「份內工作」的結果，必然導向本位主義，以及部門之間的隔閡。時間久了，攸關公司長期發展所需要的創新與融合等元素將消失殆盡。

其實每位員工都有責任，在自己「既定」的工作項目之外，花二十%的時間去做「臨時指派」的任務或活動。因為現在產業整體環境變動很快，今年底為明年所規畫的工作目標和內容，可能經過半年就會發現有許多新的挑戰冒出來，步調也被打亂了；若沒有預留時間來從事這些臨時指派的任務，組織就沒有能力去應付變局。

拚苦勞，會限縮視野與思考；讓自己有餘裕，轉換思維才能改走另一條路

二十多年前，我剛踏入職場，從一家外商基金公司的通路業務開始做起。當時全公司只有五位通路業務員，卻要負責全台四十多家的金融機構（我一個人就負責十家），若把所有分支機構加起來，大約共有兩千五百個據點（我負責其中約五百間分行）。因此，同事彼此合作，若有人到中南部出差，就順便幫忙跑一下其他人負責的「重點分行」，目的是與這些分行的理財顧問們建立關係，請他們多加推薦我們的產品。

一年之後，我發覺光是自己負責的第一銀行就超過一百八十間分行，較偏遠的三十幾家都還沒去過。當時沒有台灣高鐵，要到台中以南出差，通常是搭國內線飛機。有一天週五，我搭機去台南，拜訪當時台南縣幾家比較偏僻的分行；傍晚回程時叫不到計程車，結果竟然沒趕上飛機。當時機場塞滿了想要候補機位的人，我才驚覺周日是母親節。以前每逢周末有重要節日，台灣國內線飛機都是一票難求，我趕緊搭計程車從機場趕往台南車站。那時台鐵的對號車票也都早已售完，想買站票根本也擠不上去。我再用跑的去客運總站，站務人員指著長長的人龍跟我說：「到晚上十點多應該

都排不上，你晚上十一點再來。」

真是晴天霹靂！當時我申請的出差是當日搭機來回，所以沒有訂飯店。我趕緊打電話通報上司，說明這種情況下，我被迫只能在台南留宿一晚，隔天早上再返回台北。上司同意後，我趕緊找飯店，還好有找到空房，就在沒有攜帶任何過夜行李的狀況下入住一晚。那天晚上，我一個人在飯店房間裡發呆。由於無事可做，只能任由思緒發散漫想，突然想到：**既然用「推」(Push)的太費力，那就反過來，改用「拉」(Pull)的呢？**既然我在TMBA內部為學弟妹講授技術分析課程，何不試著替第一銀行的理財顧問舉辦金融課程，讓他們能免費聽我講課呢？

回到台北後，我馬上著手規畫。後來在台北市東區試辦第一場「國際金融技術分析實戰課程」，邀約第一銀行北區的理財顧問們來參加，總共來了二十三位。參與者的迴響非常熱烈，回去幫我到處宣傳。第二場舉辦在高雄市，幾乎當時全高雄的第一銀行財務顧問全部出席。後來，總行財富管理部聽聞此事，許多偏遠的分行也反應想要上這個課；於是，最後是由總行安排，讓行內所有的理財顧問全部來上課，並且列為必修課程。之後開課的訊息又傳到其他銀行，所以也邀請我開課主講。從此，我成為銀行圈內知名講師。

如果我過度專注於原本目標：每年將全台重點分行拜訪過一輪，那麼我將永遠忙碌於「跑分行」這件事。被滯留於台南的那一晚，無事可做，反而讓我想出了截然不同的做法，改變了自己的職涯發展路徑。

很多時候，人們被既有的目標綁住，也就跳脫不了「拚苦勞」的循環，更需要有靜下來休息與思考的時間。**苦勞往往是創意的天敵！**

萬物的四階段創造過程

創意很重要，然而還要進一步把相關資源串聯起來、落實為成品，需要「創造力」。若少了後續的動作與發展過程，**絕大多數的創意點子下場都一樣——埋葬在滿山滿谷的「點子垃圾堆」或「創意塚」**。

從萌生創意的初始階段，到最後有具體化的成品誕生，這整個過程，我將之拆分為四個不同步驟，稱之為「萬物的四階段創造過程」。

第一步：點——產生創意

你冒出一個念頭：無論這個念頭是白天工作或生活中，突然靈光一閃，例如碰巧遇到某些人事物時而迸出一種想法，或是與同事或好友討論事情時聯想到，或者自己做白日夢的時候想到，甚至是在半夜睡夢中夢到，都可以。**愈是具有特殊性、別具意義的構想，愈有被實現的價值**。

要培養這種無中生有的創新發想能力，最簡單的方法就是**讓自己每天都有至少半小時至一小時的空檔，在沒有急迫需完成眼前工作的DMN模式下，進行漫想**。倘若工作環境中不允許出現這樣的機會，那麼就在上下班的通勤途中、或晚上洗澡的時候進行。多接觸新的人事物，也愈能夠激發新的構想或巧思。

第二步：線——思緒的串連

念頭的閃現往往只是一瞬間，資訊量非常有限，要能有效利用，必須思考這個念頭，有何意義？我可以做些什麼？然後在腦中**將過去一切所有的體驗、知識、能力，用腦神經迴路串連起來，形成了一條有意義的線**。為了確保第一步產生的念頭構想，不會在現實壓力的工作環境中一閃即逝，而有持續生成、串連成線的機會，主管在定期或不定期會議中，**讓部屬有腦力激盪發想的機會，也將有助於刺激創意**。若是由公司支持的創意發想，甚至放到員工的KPI或OKR中，等於是由公司背書支持，員工也就更有強烈的動機和意願去實踐。

若自己工作場域沒有這樣的機會，就必須為自己創造機會。例如在社交媒體上發表一篇你覺得有用的經驗分享，就算是純粹看完一本好書、一部好電影之後的想法，都值得公開發表、分享出來。你永遠不會知道，誰在看到你所發表的文章或想法之後，而產生共鳴、回應你，並促成後續的互動交流，進而提高了將點串連為線的機會。

第三步：面——人際網路的整合

當我們經過思索之後，決定要把一件事情具體實現，我們可以一頭熱就栽進去這個渴望當中；但光憑一己之力要把想法實現的機率是低的，若能夠**透過更多人的力量一起來完成，實現的機率就會高出許多倍。當我們透過人際網路將自己的想法散發出**

去之後，就會形成好幾個與人相互交集的面。我們思緒的線，與他人思緒的線，若有同頻共振、甚至重合，就會強化原本我們的線而變得更粗壯；當兩條線沒有重合，那麼任兩條線必然交會而形成一個面。交集出愈多的面，構思也就愈完整、愈多種有意義的選擇因而產生。

當我們串連了愈多人，擁有愈完整的討論、愈有意義的可能做法之後，各種行動就會順應而生；有時候就算你不動手，也會有人想要動手去嘗試。若自己屬於內向不善社交的個性，那麼就必須借助「人際網路的節點」，幫我們促成與更多人形成交集。要勇於開口請求他人協助，**以共通利益爲目標、共享成果爲誘因，一定會有相同興趣的人會想要參與**。

第四步：體——投入物質世界的資源

就算有了無數多個思緒的面，若只停留在「想法」層次（精神世界），與物質世界沒有任何交集，也就無法改變實體的世界。因此，必須投入物質界的實體資源才行。**如果投入的物質界資源種類愈繁多、質量愈大，那麼所構成的實體也就愈複雜、愈有**

影響力。

較有效率和效果的方式，是由公司政策支持，來從事跨組織、跨部門、人際之間的交流合作。例如推動跨部門專案、公司社團運作或舉辦特殊活動，都很有幫助。

以前我在外商公司服務，就同時有許多跨部門專案與活動在進行，不少同事在這方面的能力都有所提升。但若是自雇者、自由工作者，也就更需要透過人脈來獲取相關資源。**一般來說，用錢都可以買到資源，但前提是要有管道，這有賴於平常廣結善緣**。

思緒的串連最值錢

前述的四個步驟，若以「價值鏈」的角度來觀察，也就是附加價值從零開始累積到成品的最終價值，哪一個階段最值錢呢？

若檢視當今的幾個主流產業、國際知名廠牌的運作情形，會發覺通常是前兩步最值錢，尤其是第二步：思緒的串連。雖然第一步的念頭或想法誕生很重要，是一切的開端；然而，隨機性太高，能被妥善處理、加以運用落實的機率往往偏低。

每個人隨時都可能突發奇想，腦中產生各種念頭，若只是天馬行空、不切實際，就淪為了「雜念」。**創意需要經過第二步將特定知識和經驗串連起來（尤其涉及專業技術），才能夠產生具體化的產品或服務、創造出市場價值。**

例如蘋果的iPhone、特斯拉的電動車、名牌手錶或名牌包、Nike的運動鞋，提出了偉大的概念並整合專業技術，相當於第二步的思緒串連，這是最困難也最具價值的。而生產、銷售以及售後服務，由於附加價值不高，通常是外包給許多代工廠或專業服務機構協力完成。

「智慧財產權」和「專利權」，就是屬於「萬物的四階段創造過程」前兩步，因為攸關國家競爭力以及整體經濟產值高低，可謂「稀缺資源」，因此各國政府都積極給予法律保障。

行動清單

1

a. 你認為自己是一個具有創意的人嗎？為什麼你這樣認為？

b. 你認識的朋友當中，誰是最具有創意的人？請列出至少三位，以及你認為他們的創意主要從何而來？請填入下表，並且找機會與這些人碰面，當面請教，可以獲得許多寶貴的經驗以及洞見（他們給的答案，很可能與你原本以為的不同）。

第一位：＿＿＿＿，你認為他們的創意主要來自：＿＿＿＿

實際上他們認為自己的創意來自＿＿＿＿

第二位：＿＿＿＿，你認為他們的創意主要來自：＿＿＿＿

實際上他們認為自己的創意來自＿＿＿＿

第三位：＿＿＿＿＿＿，你認為他們的創意主要來自：＿＿＿＿＿＿

實際上他們認為自己的創意來自＿＿＿＿＿＿

2

a. 書中談到「預設模式網絡」（default mode network，DMN），你個人是在什麼樣的環境、場合或時機，最能夠進入到這個模式？請寫出至少二至三個。

b. 「專業者會休息，業餘者不休息。」當一個人過度忙碌，不留空檔讓自己的腦子進入DMN模式，將陷入「拚苦勞」的狀態，難以跳脫出現況。每週至少保留一次，給自己完全放空思緒的時段，至少兩小時（以下簡稱DMN時段），請在以下空格寫下你未來一個月內，可以給自己的四次DMN時段。這些必須是能夠獨處的時段，可以聽音樂、閱讀一本輕鬆有趣的非專業書籍、靜坐冥想、散步、慢跑等，但過程不能帶著「要完成什麼事」的特殊目的。（可用鉛筆寫，每月更新一次）

第一次DMN時段：　　月　　日，時間：

第二次DMN時段：　　月　　日，時間：

第三次DMN時段：　　月　　日，時間：

第四次DMN時段：　　月　　日，時間：

補充說明：以上時段，萬一臨時被其他事情占用，請務必尋找另一時段來補足。每週至少保留一次DMN時段，這不僅有助於激發創意，更是讓自己身心靈獲得平衡的重要做法。

第5章

變數2　資金

——成事必備燃料

資金，是最普遍也最實用的一項變數，幾乎等同一切物質資源。俗話說，金錢不是萬能，沒有錢萬萬不能。人類歷史，總體來說，就是金融的歷史、資源分配的歷史。所有的商業活動，需要有資金投入才能順利啟動。不管是民間的各種活動還是企業營運，均是如此。

觀察商業市場，許多傑出的企業創辦人，一開始成立公司的目的是解決社會一個問題，懷抱著一個使命而來。公司剛開始運作時，從人員到募資，都是由小而大的過程。我們熟知的矽谷企業，或主宰了當今科技產業的巨擘，如蘋果的賈伯斯、Google的賴瑞・佩吉與謝爾蓋・布林、臉書的馬克・祖克柏都經歷過。

無論是從哪裡發跡、從何開始，一家小公司要逐漸長大成為中型企業，從拿到天使投資，一直到最後「上市櫃」公開籌資而成為大企業，每一步都很重要，每一步驟都將影響下一步。

隨著企業的成長，需要對外找錢而募集資金（募資），在這個過程必然會增加「股權」。上市櫃是公開向一般社會大眾籌資，因此又稱為「首次公開籌募」（Initial Public Offering，簡稱IPO）。若少了來自公眾的資金，幾位創辦人要光靠自己的資金、靠人脈關係所能夠取得的資金，都不足以成為大型企業，更可能在早期階段就因為「錢燒光了」，財務陷入困境而宣告破產。

一家企業逐漸壯大的過程，並不是只有IPO這一輪的籌資。在IPO對一般社會大眾募資之前，已經有好幾輪的募資，分別是向「天使投資人」（Angel）、創投（Venture Capital，簡稱VC）、私募股權基金（Private Equity，簡稱PE）募資。創辦人如何說服他人支持自己的夢想，紛紛掏出錢來投資入股，進而壯大公司的規模和影響力？**強大的表述與溝通能力是關鍵！**其次，提出**具有吸引力的成本效益分析，也可以吸引許多現有產業內的經營者想要一起來合作**。

馬斯克是「太空探索技術公司」（SpaceX）創辦人，他之所以能夠開發出火箭的商業用途、成為全球最大民營業者，就在於掌握了「資金」（以及「成本」）的關鍵變數。在SpaceX加入太空探索之前，火箭的造價以高昂出名，由國家開發類似的火箭發射系統需花費約四十億美元，但根據NASA核實數據，SpaceX開發成本僅約三・九億美元，不到十分之一！

更重要的是，SpaceX開發的是可重複使用的火箭，又將未來平均每發射一次的成本降到極低；他掌握了「平均每單位成本」這個關鍵變數，使得之前不可能有商業用途的應用因此變成可能、創造出一個全新的市場。也因為開發出商用市場，讓許多家國際大廠都願意出資、入股，使得該公司並沒有因為資金用盡而宣告倒閉，反而改寫了航太產業的規則，成為全球最大的民營公司。

無論是企業或個人，想要吸引他人出錢來投資，就必須能提出具有說服力的論點，而這些點，往往就是其他的幾個關鍵變數，例如擁有某些吸引人的創意、特殊技術，或能在時間、流程上具有優勢。因此，**關鍵變數之間往往也是會彼此關連的**。

股權與債權的比較

一般人或許不會像創立一家大公司那樣需要向公眾籌資，但是，想要完成任何一項目標，通常都會需要用到金錢。例如，想要開一家早餐店或有特色的咖啡館，會需要一筆創業資金，通常在新台幣六十萬元到三百萬元（大約兩萬至十萬美金）之間，如果自己原本就已經擁有百分之百的現金可以來創業，當然很好，但現實是通常創業者手上現金不足，必須想辦法找到其他的資金來源。

一般而言，**籌措資金不外乎兩大方向：股權和債權**。股權就是合夥入股、共同成為股東，好處是分散風險：有虧損時共同承擔，你不需要額外補貼利息給其他出資者；壞處是將來有獲利時也必須按照股權比例分給別人，也就是有福同享有難同當的概念。債權明顯不同，通常是向銀行或親友借錢，約定一個固定的利率，無論事業是賺或賠，都必須持續付出固定的利息給債權人。

許多人的刻板印象是盡量不要借錢，否則可能會負債，甚至破產。然而，這是個迷思，**判斷是否舉債的關鍵在於所經營事業的現金流量是否穩定**。若是經營早餐店，不論景氣好壞都不太會受到影響，每天、每月的現金流量相當穩定，大幅超過了每月需要支付的利息，如此就很適合向銀行貸款。相反地，產業特性是營收愈不穩定的，就愈不適合舉債進行創業。

這也是為何科技產業的新創公司，早期都是用股權的方式來籌資，因為產業變化太快，能否創業成功猶未知，即便順利在市場上推出了產品，營收也很不穩定。在這

圖5-1｜資金怎麼來？

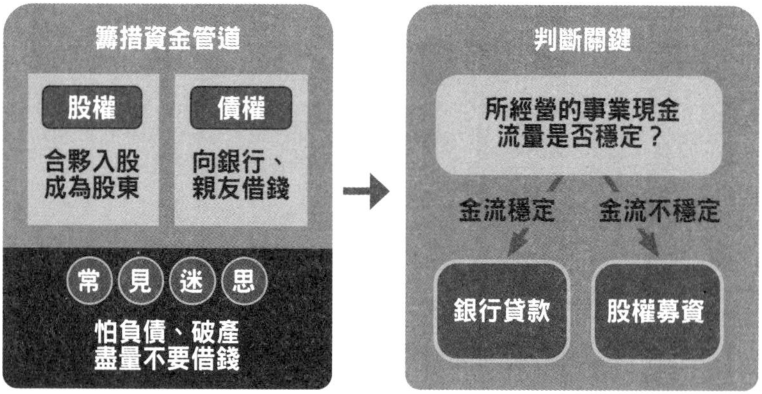

種產業特性下，營收和獲利難以預估，銀行也就相對不敢借錢給這些公司。

有錢人想得和你不一樣

透過股權或債權籌募資金，對最終報酬率的影響是非常巨大的。以經營早餐店為例，假設期初總共需要投入一百萬元的創業資金，第一年獲利三十萬元，若甲堅持不舉債，百分之百使用自己的資金來經營一家早餐店，那麼「股本」為一百萬元，「股東權益報酬率」為三〇%；乙只用五十萬元的自有資金，加上向銀行貸款五十萬元，要支付的利息費用為每年二%，那麼同樣第一年獲

圖5-2｜企業家都懂得取得便宜資金

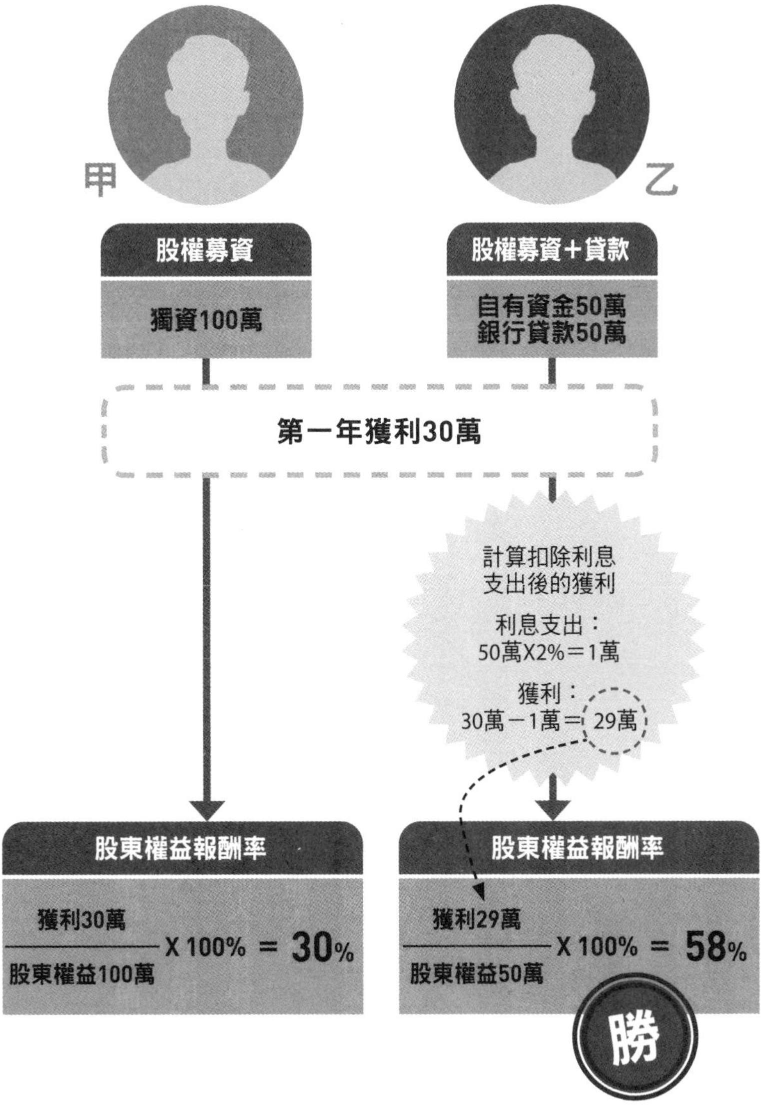

利三十萬元，乙必須扣掉一萬元的利息支出（五十萬元乘以二％），獲利金額變少了，只剩下二十九萬元，然而「股東權益報酬率」卻是五八％（二十九萬元除以五十萬元），幾乎變成兩倍！

倘若銀行貸款利率不高，而經營的是收入非常穩定的行業，就該勇於與銀行往來，利用低成本的資金來取代一部分的自有資金。有些人害怕向銀行借錢，反而向家人或朋友借錢，約定了一個高於銀行貸款的利率，不僅降低了最後的報酬率，更可能因此欠了人情債，讓自己憑添情緒壓力。

事實上，絕大多數的企業家都會善用銀行貸款，取得便宜的資金，對於事業發展相當有幫助，同時也會累積信用紀錄。對於一般個人而言，只要有借有還，信用紀錄良好，將來買房子需要房貸時（很少人買房子百分之百使用現金，而普遍會向銀行貸款七、八成的資金）就會有很多銀行願意借你錢，也可以爭取到較低的利率、較優的條件。

資金的顯性與隱性成本

許多人資金不足，需要借貸時，可能先向父母或家人借錢；其次是向朋友或同事周轉；或者透過現金卡、小額信用貸款等相對便利的借款方式來籌錢。然而，**取得愈是便利的資金來源，成本往往愈高**；相反地，房貸手續比較複雜，還要設定房屋抵押、強制保地震險和火險等等，但是成本最低。

資金成本分成顯性成本、隱性成本兩大類。顯性成本也就是必須支付利息的高低，可以用每年的平

圖5-3｜資金取得便利度影響的成本高低

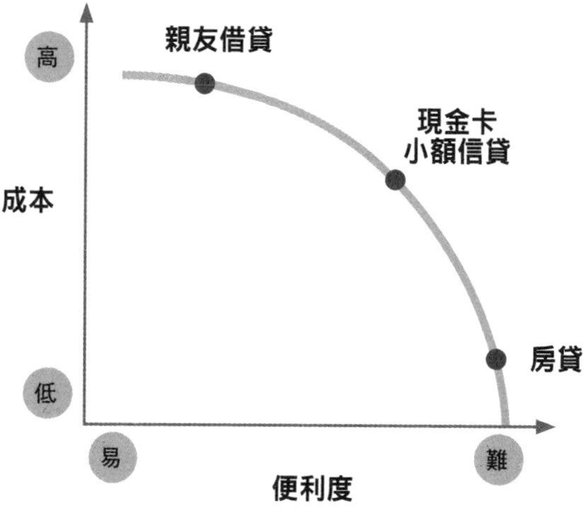

均利率來做比較；隱性成本則是無形的壓力和不確定性，例如出資者或債權人的關切、介入經營，甚至要求提前償還資金等壓力。

一般人往往把「向銀行貸款」放在最後選項，但我鼓勵放在優先選項。一方面，只要是有擔保品的銀行貸款，利率都極低，幾乎是你能借到的資金中最便宜的管道；其次，銀行同時放款給許許多多的企業、個人，對銀行來說，借錢給你，只是他們「投資組合」的極微小部分，銀行透過分散投資到不同產業類型、用途、時間年限長短等等，已經把風險分散到不

表5-1｜不同資金來源的成本比較

資金成本			
顯性成本		隱性成本	
借款類型	房貸、銀行借款	借款類型	親友、同事借貸
支付成本	利息支出	支付成本	無形壓力和不確定性
			介入經營
			要求提前償還資金
			出資者或債權人的關切
風險	可估算	風險	可能超出預期的變數

用擔心少數單一對象的違約狀況，所以他們不會來叨擾你。

銀行的貸款分成許多不同類別，台灣的房貸利率水準相對低廉，過去十幾年來的年利率都在二%之內，有些信用條件良好的借款人能取得的利率甚至低到一．二%。就學貸款的利率也極低，大致上只比房貸利率高一點點（目前大約一．四%），卻不需要向銀行抵押擔保品。經濟狀況不佳的家庭，如因小孩就讀私立大學而需要負擔較高學費，往往造成家庭的財務壓力，比較好的財務解決方案，我**強烈建議申請就學貸款，因爲手續簡便，而且可以培養孩子爲自己人生負責的習慣，同時提早累積良好的信用**，是一舉多得的選項。

爲什麼要及早累積信用以及維持良好信用？

很多人和銀行打交道只有單純的存提款，而不喜歡或覺得不需要和銀行借錢，甚至也不使用信用卡，所以忽略了建立自己的信用評分。但是當某一天，突然需要向銀行貸款時才驚覺，自己沒有可供銀行評估風險的「信用評分」。因此，銀行無從評估起，造成自己臨時借款時的困難。

也有些人，使用信用卡，也向銀行信用貸款，卻沒有按時還款，在聯合徵信中心留下不良的信用記錄；將來有進一步的貸款需求時，不是無法貸到需要的金額總數，就是得支付較高的利息，更慘的是直接遭銀行退件，這一切都和個人的金融信用有關。

❖如果你知道銀行如何評估個人金融信用，你就會早一步建立良好的信用紀錄

為了管控放款風險，避免產生帳款收不回來的呆帳問題，銀行放款前會先做好個人的金融信用評估。只要你與金融機構有往來，就會有個人的信用評分。除了審核個人的收入來源，也會調閱聯合徵信中心的信用報告。信用報告記錄了你過去的付款紀錄，有無準時償還債務；這份紀錄有你個人長期以來的金融往來軌跡，一旦上面有遲繳信用卡帳款、只繳最低應繳金額，占用太多信用額度、貸款未準時還款或跳票，都會註記在上面，你的信用分數會因此扣分，即便後來繳清了，在揭露期間內，仍會掛在紀錄裡，供其他銀行查閱。想要回升信用分數得維持正常繳款，無任何授信異常紀錄一段時間後，才有可能回升。

提醒：有些人很喜歡因為信用卡優惠頻繁地剪卡、辦新卡，這在累積信用分數也相當不利。

在評估個人信用分數時，有幾個要點：

①還款歷史

②信用額度

③信用歷史長度

前面花了些篇幅說明還款歷史與信用額度，接下來有人可能會想問，是否要剪掉不需要信用卡？

《財務自由實踐版：打造財務跑道，月光族、小資族也能過自己想要的生活》（*Work Your Money, Not Your Life：How to Balance Your Career and Personal Finances to Get What You Want*）對此給了幾點建議：

請從以下三點考量：❶未來的借貸計畫；❷信用卡的信用額度；以及❸開卡的時間。

❶未來的借貸計畫

未來的一兩年內是否有大額的借貸需求？如果有，就保留額度最高的信用卡；若沒有貸款需求，則可以取消。

❷ 信用卡的信用額度

取消信用卡就是取消個人可使用的信貸。若取消的是高額度的信用卡，可能會降低你的信用評分。若一定要取消，可以選信用額度較低的信用卡。

❸ 開卡的時間

如果一定要剪卡，可以剪新辦的那張信用卡，因為對信用評分的影響最小。如果取消的是使用最久的信用卡，則對信用評分有負面影響。

其它你可以利用的貸款管道

對於年輕人嘗試創業來說，台灣政府為營造有利青年創業的環境，由經濟部中小企業處協助年輕人向銀行申請「**青年創業貸款**」，年利率低於二％。二〇二〇年起，文化部文策院也開辦了「**文創青創貸款**」，協助有志於文創產業的青年發展，最高全額補助五年的貸款利息，申請額度一百萬元以下的只需要繳交申請表，不需要交計畫書，最快七天就撥款。這些由政府提出的專案，等於是由政府相關機構出面協助申請人向銀行貸款，而相關的流程、手續都會有專人協助你完成，利率也是公定的價格，會遠優於自己單獨去找銀行洽談。

以上來自於銀行參與的貸款，因為放款對象非常的眾多而且分散，對銀行來說，是一個「充分已分散風險的投資組合」，除非你利息沒有按時償還，否則銀行根本不會管你發展狀況如何。你唯一需要做的，就是按時繳息。因為這類貸款的利息極低，違約不付息機率低，相較於其他借貸管道，無論是顯性成本或隱性成本考量，都是較低的。

相形之下，來自於家人或朋友的資金，很容易被「關切」，因為他們會擔心你的發展狀況，擔心你的經營狀況如果很糟，可能會無力償還借款，因此免不了三不五時直接或間接打探你的狀況，甚至對你「下指導棋」或介入經營。當你運氣或狀況不佳的時候，這些不必要的壓力可能大過了事業本身經營的壓力，讓你想要提早宣告放棄——**當涉及金錢的時候，人就會失去了客觀性；失去金錢的時候也可能損害原本的關係。**

行動清單

1

a. 你是否有向親友借錢（或打算向他人借錢）的經驗？感受是好還是不好？

b. 請回顧書中談到「較低成本的貸款方式」，有哪些管道？寫下你覺得可以嘗試的方式。需要時，就打電話去相關機構詢問，改用較低成本的資金來源取代向親友或他人借款，並開始累積你在金融機構的信用紀錄。

2

a. 過去是否曾經有哪幾次親友向你借錢的經驗？感受是好還是不好？

b. 請將此書所提到的「較低成本的貸款方式」，轉述給他們知道，這樣他們就不會來跟你借錢，轉而嘗試其他的管道。因為當你能夠清楚向他們分析各種不同借款管道的成本、優劣之後，他們就知道你是講求理性分析的人，要靠人情從你這邊借到錢應該沒機會了。

第6章

變數3　人脈

——網路槓桿效應

為什麼有時候你怎麼樣都談不下來的案子，別人一通電話就搞定；有些過不了關的難題，別人居中協調就暢行無阻？

在職場和商場，人脈決定了你的發展順不順利，若有適當的人脈在關鍵時刻使力，也能讓事情更省力，成功機率大增。

對你而言，人脈是什麼呢？對此，戴爾‧卡內基曾經說過：「一個人的事業成功，一五%取決於專業技能，另外的八五%靠人際關係。」

人脈槓桿的加乘效應

《內在原力》第五章談「站對地方」，提到**人生最高效能的運作方式，是讓自己成爲人際網路的節點**，讓自己的努力（作品或服務）被放大到數萬倍的人看到並且使用；次之，則是擁有「身為人際網路節點」的戰友幫助你。

一件事情要成功，往往牽涉到很多環節，而每一個環節可能是掌握在不同角色（或專長）的人手裡，一個環節卡關，就可能整個案子停擺。如果我們本身就是人際網路的節點，自然可以很快、順利找到那些能夠打通環節的人，不然就是要有人脈廣的戰友來幫我們找到對的人。

在當今網路與行動通訊發達的時代，只要有能力，人人都有機會被看見，但是為何儘管如此，卻不是每一個人都獲得高成就、高收入呢？因為**「買單」的人數不夠多**。

假設你的作品達到某一水準，當你公開在網路上宣傳之後，可能一百個陌生人看到了，其中有一人買單；透過「超級連結者」讓一萬

圖6-1｜人際網路的節點以及超級連結者

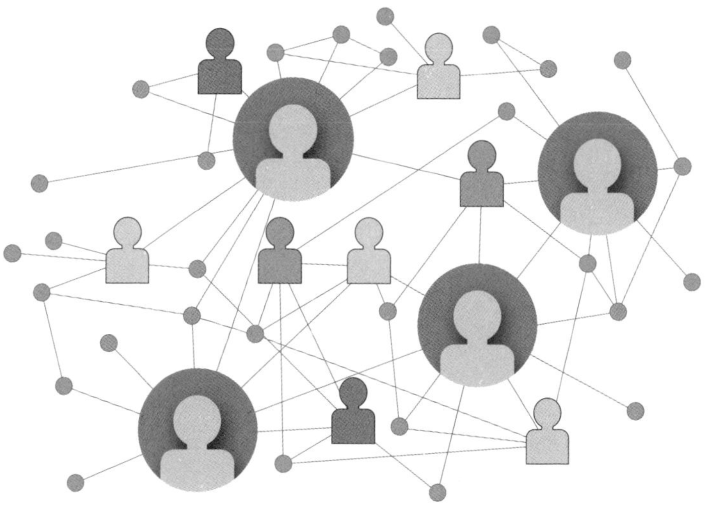

人看到，那麼就有可能是一百人買單，這樣的「**人脈槓桿**」倍數就是一百倍。

現在各大廠商除了傳統的廣告媒體曝光之外，轉而大量尋求網路上的意見領袖（Key Opinion Leader，簡稱KOL）幫忙推廣，這些KOL就是人脈網路中的「**超級連結者**」。

在台灣，粉絲一萬人以上的KOL普遍都會接到廠商邀約合作，可以得到免費的產品試用，或一些酬勞、銷售額回饋等等；粉絲五萬人以上的KOL商業合作案，通常發表一篇「業配」貼文，就可以獲得兩千元至五千元的酬勞；粉絲十萬人以上的KOL，通常一篇「業配」貼文就有兩萬元至五萬元。

粉絲十萬人是五萬人的兩倍，做相同的事情，為何酬勞不是兩倍而是十倍呢？因為網路會有「加乘效應」：市場上有十萬人在討論一件事情，所造成的影響力擴散和「帶風向」的效果，會超過五萬人討論同一件事的兩倍以上。現在是贏家通吃的時代，**一場賽馬最後獲得冠軍的那一匹馬，獲得的獎賞並不是第二名的兩倍，甚至可能是十倍！**

然而，你要留意，這種「人脈槓桿」是會放大「被知道」的倍數，但不會改變你原有的品質。你必須為自己的品質把關，否則若因為品質不佳導致惡評，也會因為人脈槓桿而放大了好幾倍，加速了你的失敗。

我個人建議，當你要尋求「超級連結者」去幫你放大知名度的槓桿之前，先在相對較小的群體內測試、獲得回饋、進行改良，等到品質達到一定程度之後，再透過較大的人脈槓桿去放大。槓桿不要一下子開太大，否則失控時會難以招架。

圖6-2｜如何撬動人際槓桿？

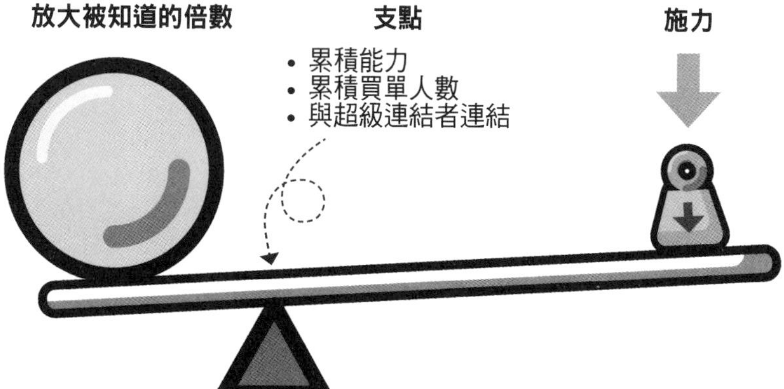

利他共贏，累積你的人脈存摺

除了花錢去找「超級連結者」或KOL幫助你放大人脈槓桿，也可以靠自己累積人脈存摺。《內在原力》曾提出一個觀念：**當自己的人生執行長，像經營一家公司那樣經營自己**。當你真心全意為人生成敗負所有責任，竭盡所能讓使命必達，也就愈能夠吸引他人，將他們的資源放在我們身上，為我們所用。

當你成為了自己的人生執行長，自然會加速累積人脈存摺，隨著時間經過，各種不同的資源也會累積起來，漸漸地讓自己成為所屬領域中的KOL。

當然，靠自己發展來累積影響力的過程中，也會發現自己的能力不足而無法面面俱到。有些人會選擇進修、努力補足自己的缺點，現在，還多了另一項選擇。**透過「專長互補」的方式與人合作，這是達成共贏的捷徑**。當自己還無法獨當一面時，可以先加入別人的團隊，不要覺得自己「不夠格」加入一個菁英團隊，因為我們不需要和他人一樣；相反地，要和他人不一樣，所產生的綜效才會最大。

覺得自己「不夠格」是一種限制性信念，但大多數成功人士都不會有這種想法，相反地，他們相對有自信、勇於嘗試各種挑戰，即便常常超出自己原本能力範圍。即便他們自告奮勇投入某些專案，或毛遂自薦加入某些團隊，最後失敗了，但他們從中學到經驗——**成功人士認爲「過錯」比「錯過」好**，因為他們不斷替未來的成就打下基礎。他們原本或許真的能力不足，但是經過不斷投入，累積大量的經驗累積之後，能力就明顯提升了。

透過與他人團隊合作，往往可以接觸到更廣的人脈，不僅因此接到更多的案子來磨練自己的長才，更可以在團隊運作過程去觀摩學習自己原本不會的才能。例如溝通協調能力、領導能力、行銷或業務拓展能力等等。**從做中學，比起花錢去上課來得更實際，而且還能賺錢**。

然而必須強調，我們的目標是「利他共贏」而非「利他」。因為「共贏」才是我們真正希望達到的結果。「利他」是過程和方法，但如果不能「共贏」而是犧牲自己和家人去成就別人的「利他」，將導致個人情緒失衡、家庭失和，難以長久。「犧牲小我完成大我」，道德感高尚，但並不是運用生命最有效的方式。

＊　＊　＊

前一章提到當今所有的傑出企業，都是從少數幾個人開始，但**當我們仔細去分析這「少數幾個人」的組成，會發現都有明顯的「專長互補」現象**。例如蘋果公司是由充滿創意與行銷構想的賈伯斯，找研發能力極強的工程師史蒂芬．沃茲尼克（Stephen Wozniak）一起合作創業。這些傑出企業的創立者都知道自己能力有限，於是勇於向他人提出邀請，尋求其他更強的人協助。

事業成功的關鍵，一定要從「共贏」出發，才會順遂、可長可久。已故的日本「經營之聖」稻盛和夫先生，就是「利他共贏」哲學的典範。他曾說：「當企業家擁有『利他共贏』之心，一定會吸引很多優秀的人才加入，成為內外的助力。」我認為無論是經營企業，或經營自己的人生，道理相通。

利用無償的工作厚植你的人脈

「無償的工作」是「利他共贏」、累積人脈的最好方式。因為人若只是為自己，就僅有單獨一個人的力量，非常微小；透過無償的工作來幫助別人，不僅利他，也能建立好的連結，你付出的，將來也可能會回到你身上，更可以連結更多人的力量，一起完成事情。**不要把「無償的工作」看成是會浪費自己時間和資源的事情，相反地，往往是累積人脈、增加經驗值和知名度最好的一條路徑**。

二〇〇一年，我與幾位好友在台大一起創立了ＴＭＢＡ社團。過去二十多年來，我為ＴＭＢＡ所做的都是「無償的工作」，主要是在ＴＭＢＡ舉辦的大型論壇上擔任主講人或與談人，以及回學校指導學弟妹、分享一些經驗。

我在ＴＭＢＡ擔任主講人或與談人都不收費，或是捐給其他需要幫助的弱勢團體。直覺上我花了個人的時間卻沒有取得收入，但是，每年度像這樣的大型論壇只有一、兩次，我少收這兩次的演講費影響不大；許多聽眾都是企業的老闆或主管、其他組織（例如扶輪社、ＢＮＩ等民間社團）的社長或幹部，因此，事後的邀約演講接不完。

透過每年度ＴＭＢＡ舉辦論壇擔任主講人所累積的經驗值，是我後來成為企業講師、站上大型舞台上演講的重要基礎。若沒有早期的這些ＴＭＢＡ經驗與逐步累積，我身為內向高敏感人，就很難憑自己戰勝恐懼。

回學校指導學弟妹也是「無償的工作」。過程中會認識許多優秀的學生。在我任職的金融圈內很需要實習生來協助蒐集資料、撰寫報告；因此，**回學校指導學弟妹的過程也讓我可以找到優秀的學生來公司實習**。一方面滿足公司的需要，同時也讓學弟妹有實習工作經驗。後來其中有好幾位成了基金經理人，也成為我在業界的重要合作夥伴。

找出號召眾人連結的理由

《蜘蛛人》電影有一句經典台詞：「能力愈大，責任愈大。」。但我認為應該反過來：「這個世界給願意站出來承擔責任的人，獲得更多的能力。」想要卓越（Outstanding），就要先站出來（Stand-out）。當你勇於站出來，去從事影響層面較大、較廣的事情時，就會是快速累積人脈資源的捷徑。

一九六三年八月二十八日，金恩牧師（Martin Luther King, Jr.）於華盛頓紀念碑前廣場發表「I Have A Dream」的演說，號召所有心存正義感與慈悲心的人，一起站出來正視人權問題、改變種族歧視的現狀。

印度聖雄甘地以非暴力的抗議方式，爭取讓印度脫離英國而獨立。他一生中共十二次被捕入獄，但從不退縮、不逃避、不恐懼，總是坦然面對牢獄的考驗，喚醒了許多印度人的公民意識，最後成功讓印度獨立。

金恩牧師身材矮小，聖雄甘地則骨瘦如柴，他們卻都能夠號召數以百萬、千萬計的民眾一起響應他們的訴求，正是為公眾利益而發聲而不是為自己。這種「為他人而站出來」的狀況下，當事人愈是弱小，更凸顯其偉大。一旦公開站出來抵抗威權霸道，其他人難以袖手旁觀。

滴水穿石，微草也能成原

現代人普遍有能力為自己認同、有意義的事情做出貢獻。透過親身參與的過程以獲得人生的意義感與不同體驗，多數人都會願意嘗試。現在比五十年前、一百年前都更具有這樣的條件。每個人本心中都已經具備了，只欠一個機會。你要勇於站出來、召喚眾人一起投入，你就會發現與人相連結的力量有多大。

你可能會覺得自己「人微言輕」，缺乏號召力。事實上，**沒有奇蹟，只有累積，一切都是從微小開始的**。第一次嘗試可能只是從自己家裡的兩、三個人開始，接著是周遭的三五好友，或者辦公室同單位內的幾個人；任何微小的嘗試，都會累積經驗值，逐步可以開始練習五至十人，甚至部門內十幾、二十人的活動。**每一位有影響力的人都是從一個人開始的**。佛陀、耶穌基督、穆罕默德、聖雄甘地也是如此。你不試，就永遠不知道如何使用這種原力。

許多人生困境，當事人是有很大的機會可以走出來的，卻被自己的「**限制性信念**」給綁住了，而終究失敗。例如以下這些內心的聲音都算是限制性信念：「不可能吧」、「我做不到啦」、「我果然是不行」、「我就知道無法成功的」，強化對自己的負面評價，打擊自己，結果他人的助力都讓自己的信念給彈開了。若客觀來看，整個過程裡唯一阻撓你的，就只有自己腦海裡的那些聲音而已。

愈宏大的願景，愈能號召高手加入、吸引貴人相助

一般人會以為站出來號召一件事情，一定要是「大家都做得到的」；然而，真正的高成就者深知一個道理：宏大的願景，才能吸引厲害的人加入。小宮小廟容不下大神，倘若你的格局太小，夢想太過平凡，也就邀請不到比你優秀的人加入陣營。劉備或許在歷史上不算是最優秀的領導者，甚至是三國時代最弱小的一方，但他有復興漢室的願景，靠這個大願就可以讓諸葛亮和許多猛將來投靠。

《魔戒首部曲：魔戒現身》（*The Lord of the Rings: The Fellowship of the Ring*）電影裡，由瑞文戴爾領主愛隆王（Elrond）召集人類和精靈各界菁英的會議中，當身材矮小的哈比人佛羅多（Frodo Baggins）站出來，自願肩負前往末日火山摧毀魔戒的責任，他就獲得了各路英雄好漢的支持，「魔戒遠征隊」也就迅速成形——戰力最強大的團隊。

當代企管大師詹姆．柯林斯在《從A到A+》（*Good to Great*）強調，能從優秀到卓越的公司，最頂尖的領導人總是「先找對的人上車，再決定車子要開往哪裡去」。賈伯斯在一九八三年，為了說服當時的百事可樂總裁約翰．史考利（John Sculley）加入蘋果

擔任CEO，問他：「你是想一輩子賣糖水，還是一起改變世界？」史考利就離開了當時人人稱羨的職位，加入了當時還是小公司的蘋果。馬斯克提出「要讓人類移居火星」的願景之後，許多航太科技領域的好手就先後加入了他的陣營。

「大家都做得到的」不會是人們心中「自我實現」的目標，無法喚醒各界好手們心中的渴望與企圖心；「做一件只有你們能做的」富有強烈的意義感，才是點燃各路英雄好漢們心中烈火的最佳引信，足以吸引他們遠道而來加入你。

若你所號召的願景或目標，是可以造福人群的事情，那麼自然會吸引貴人出現，共同幫助你完成。因為這些貴人們深知，將資源投注你身上，效益能放大好幾倍，得以幫助數十倍、數百倍的人們，開啟善的循環，也就是引發原力效應；若將資源投注在自私自利者身上，沒有任何效益，一切就到這裡結束了，只是浪費資源。

行動清單

1

a. 你認為自己算是人際網路的節點嗎？

□ 非常同意

□ 同意

□ 中等

□ 差強人意

□ 非常不同意

b. 你有認識哪幾位好友是大的節點，或「超級連結者」？寫下來，並持續保持友好關係，將來你有作品或重要事項需要他人協助、想傳播給更多人知道時，他們將是你最低成本發揮「人脈槓桿」的關鍵人物。

第一位：

第二位：

第三位：

第四位：

第五位：

2

你可以從事哪些「無償的工作」是能同時幫助很多人，或藉此可以認識很多人的？請寫下來，並且多去從事這一類的活動，將是累積你個人「人脈存摺」的捷徑。此外，這類「無償的工作」將來也很可能是你人生第二曲線、人生下半場快樂感和成就感的泉源。

第一種無償的工作：

第二種無償的工作：

第三種無償的工作：

第7章

變數4　關鍵技術或零件

——核心樞紐和瓶頸

一個行業勝敗的關鍵就在於誰掌握了關鍵技術。知名管理學大師麥可・波特（Michael Porter）的「五力分析」分析模型中，會發現「關鍵技術」扮演了重要角色。

這個分析模型之所以重要，是因為可以透過存在於產業裡的五種競爭力量來剖析所處產業的客戶、競爭者、後續可能進入產業的後進者等等。

這五力包括了：

❶ 產業裡的競爭者

❷ 產業裡的新進者

❸ 供應商的議價能力

❹ 客戶的議價能力

❺ 替代產品的威脅

當我們仔細去拆解以上五種不同力量時，又會發現「關鍵技術」扮演了最重要的

圖7-1｜麥可・波特的五力分析

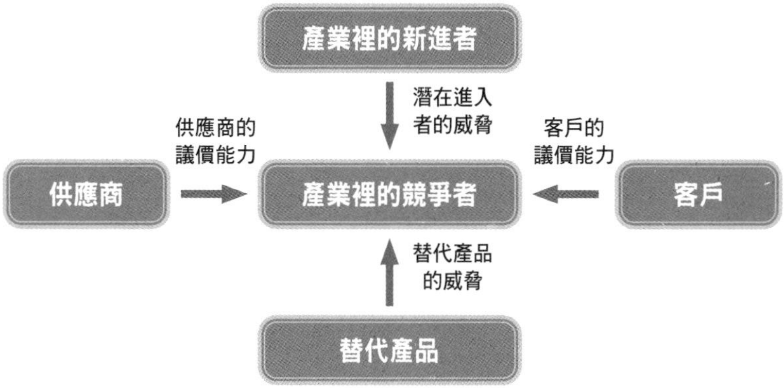

因子。例如，根據波特的分析，「產業裡的競爭者」中，極重要的一個因子是「競爭對手產品的差異化」，主要是受所採用的技術差異而導致。例如Google之所以能夠稱霸網路搜尋領域，就是因為他們採用的搜尋演算法能夠更客觀地找出對使用者最有幫助的搜尋結果。

而「產業裡的新進者」能夠切入既有產業的關鍵，通常就是找到新的技術來產生具差異化的產品或服務。例如SpaceX為了達到壓低火箭發射成本的目標，因此不斷地突破極限，找出製作可回收火箭的關鍵技術。在一次又一次的失敗與努力不懈之下，最後SpaceX也成功克服難關，找到關鍵技術，讓美國的航太工業擺脫了只能靠俄羅斯發射火箭的情況，並且成功壓低成本，讓過去幾乎不可能的商業用途變成了可能。

「供應商的議價能力」則取決於供應商的數量與規模、供應商的產品差異性。那些能夠掌握關鍵零組件的供應商，往往議價能力最高，因為少有其他廠商能做出這些關鍵零組件。

至於「替代產品的威脅」通常也是直接與創新技術有關。例如Uber的誕生，直接威脅到了傳統計程車業的生存空間；Netflix線上影音串流服務，也幾乎顛覆了原本的錄影帶或光碟出租市場。

關鍵技術爲何是決勝關鍵？

通常能夠被視為關鍵技術或零件，是因為扮演了整個產品製程中的「核心樞紐」或「瓶頸」：

1 **核心樞紐：**某些技術或零件是整個產品的核心所在，少了它就無法運作。例如洲際飛彈的控制晶片，若少了該晶片就無法控制飛彈的落點。對於拍攝影片來說，劇本就是核心樞紐，必須要有劇本，才能去尋找合適的導演和演員，整個劇組團隊才知道要準備什麼。

2 **瓶頸：**該技術或零件在整個產品製造流程中，是一個重要的環節，若完成的時間（或取得的時間）太晚，也就會讓整個產品完成的時間被延宕。對於推出一個線上影音課程來說，「募資」完成的時間就是瓶頸，因為錄製課程影片以及後製剪輯需要足夠的金錢才能做。若募資尚未達標，也就必須延後整個專案時程；若募資失敗，就必須退款，也就不會有後續的課程錄製工作。

本書的第三篇「逆向建造」，將會反覆看到「核心樞紐」或「瓶頸」，都扮演了各行業中極為關鍵的環節，掌握了它們，就先贏了一半。

如何取得關鍵技術及零件？

要取得「關鍵技術及零件」，最省時的方式是向市場上擁有該技術或零件的公司購買，但若是兩家公司（或兩國）處於競爭態勢，或該技術太新因此擁有的公司不願外流，也就難以直接透過購買的方式解決，因此只好透過以下四種方法：

1 **自行研發**：以現有的團隊自行研發出所需要的技術。

2 **人員挖角**：透過向競爭對手挖角具有所需技術的工程師。

3 **併購公司**：買下一家擁有關鍵技術的公司。

4 **專業代工**：將某個流程或模組外包給專業的代工廠。

這幾種不同方法的優缺點，比較如下表：

表7-1 | 取得關鍵技術及零件方法比較

取得「關鍵技術及零件」的方法	優點	缺點
自行研發	1. 成本可能較低（但不確定） 2. 比起向競爭公司挖角人才或併購公司，少了組織磨合問題	1. 有時投入許多成本結果仍失敗 2. 所耗的時間難以掌握
人員挖角	1. 成本可能較低（但不確定） 2. 省時	1. 有些技術需要同時挖角很多人甚至一個團隊 2. 新進人員有組織磨合的問題
併購公司	1. 可以取得最完整技術 2. 藉此減少了一家競爭者	1. 成本確定最高 2. 被收購的公司規模太大，併購過程可能很耗時，併購後又會有組織磨合的問題 3. 可能受到國家或法規的管制而受阻
專業代工	1. 成本相對較低 2. 省時	1. 關鍵技術受制於其他公司而無法自主 2 專業代工廠也可能與你的競爭對手合作

對於一般個人工作者、自有品牌經營者而言，所提供的產品或服務或許不會涉及到這麼複雜的技術或零件，而是流程相對單純的狀況，但「核心樞紐」、「瓶頸」的原理同樣存在。

從電影看關鍵變數

由國際大導演克里斯多夫・諾蘭執導的電影《頂尖對決》(*The Prestige*)，描述兩位頂尖魔術師在市場上較勁的過程。由休・傑克曼主演的安吉爾想要在舞台上表演「瞬間移動」的技法。一開始是去尋找和自己外型樣貌相似的人，喬裝成自己，來實現「甲地消失同時在乙地出現」(儘管僅有間隔幾公尺，但常人不可能做到)的目標。只要在安吉爾消失的瞬間落入舞台隱藏的空間中，讓替身在間隔幾公尺外「同時」冒出來即可。

事實上，這類技法在魔術界是很常見的。通常是物品的瞬間移動，但也可以是人或動物。乍看不可思議的各種魔術表演，不外乎主要由兩大關鍵變數來實現：**「技法」和「道具」**——這兩者就是魔術界的關鍵技術或零件。瞬間移動的技法普遍被所有魔術師運用在多種不同形式的表演中，一點也不稀奇；然而，「道具」的變化就可能讓觀眾擁有截然不同的體驗。

克里斯汀・貝爾飾演的安吉爾死對頭高登，顯然看出安吉爾使用替身(在人的瞬間移動表演中，關鍵的「道具」就是表演者的替身）。於是設法去找出那一位替身演員，給予重金利誘，讓他在某一次表演時故意穿幫並與安吉爾作對，令表演失敗收場、安吉爾聲望落到谷底。因此，**高登掌控了關鍵變數，用以扭轉局勢，而他所用方法就是「人員挖角」**。

另一方面，高登表演的「瞬間移動」叫好又叫座，而且無人可破解，因為犧牲之大無人能及：原來是一對雙胞胎兄弟，共用一個人（高登）的身分在世界上活著，兩人輪流各扮演一天，甚至隱瞞了自己的妻子、小孩，而忍受一輩子不被諒解的痛苦。高登為了「瞬間移動」這個表演，犧牲了彼此的幸福用一生去鋪陳，所掌控的這個關鍵變數，就是競爭者無法自行研發，也無法挖角、併購、尋找代工的狀況。

後來，安吉爾不惜採用非常激進的方法，嘗試極為不人道的複製人技術，加上更為酷炫的技法，重回大型舞台表演「瞬間移動」，贏得滿堂彩，同時奠定了魔術界的至尊地位。安吉爾是找到擁有獨特複製技術的科學家合作，來取得關鍵技術。不過，由於太不人道，科學家中途退出了，而安吉爾最後則因為被揭發違法情事而遭到警方通緝。

雖然《頂尖對決》是一部虛構電影，但顯示出一個行業勝敗的關鍵就在於誰掌握了關鍵技術，而且違法取得的人終將失敗。無論我們身處哪一個行業或領域，都**必須留意關鍵技術或零件取得的過程是否合法、符合人道，否則可能贏了一場戰役卻失去整片江山**。

屬於職場工作者的競爭壁壘

對於一般職場工作者而言，所擁有的關鍵技術或許不會像是一家晶圓代工廠（例如台積電）或手機廠牌（例如蘋果）那麼複雜。但是別忘了，每一家公司都是由人所組成的，因此一家公司所有的技術，就是分散掌握在不同員工的手裡（或腦裡），集合而成了一家公司的整體競爭力。

因此，任何擁有關鍵技術的公司，都是由擁有關鍵技術的人所組成，每一個人都貢獻了其中某一小部分。**如果我們所掌握的，恰好是從公司整體來看的「核心樞紐」或「瓶頸」部分，那往往會有極高的薪資待遇和身價**。

之前我有一位在台灣金融業工作的友人，多年來從事與法務、法令遵循、稽核相關的工作。後來被一家外商公司挖角去擔任「法令遵循主管」，年薪超過新台幣一千萬元。因為在香港的法令規管是非常複雜的，違反法規而遭受的懲處會對營運衝擊相當嚴重，此外，若是因為客訴而產生的賠償金額也往往非常巨大。法令遵循既是該產業、該公司的「核心樞紐」（違規受罰就很多業務都不能做），同時也是「瓶頸」（某些業務許可沒拿到就不能做），相關從業人員的薪資待遇也因此較高。

每一位職場工作者都可以想想看，自己所負責的職場範圍，是否接近公司整體來看的「核心樞紐」或「瓶頸」部分？若不是的話，往往因為可替代性較高（找任何一個人來做都可以，說不定沒經驗的人加以訓練半年也可以），工作愈容易被取代，價值也就愈低，而反應在薪資待遇上。

不妨在既有職務上，**多主動嘗試學習不同的技術或能力，逐漸往關鍵技術去靠近，這是提高身價與升遷發展的捷徑。**

行動清單

1

a. 請檢視你自己公司整體的「核心樞紐」或「瓶頸」有哪些？你個人目前的工作職掌，是否有涉及這些環節？

第一項：＿＿＿＿＿；自己是否有涉及？ □有 □無

第二項：＿＿＿＿＿；自己是否有涉及？ □有 □無

第三項：＿＿＿＿＿；自己是否有涉及？ □有 □無

b. 自己若無涉及以上的相關環節，請思考如何讓自己去學會那些環節所需要的知識或技能，有哪些人可以請教？寫下來，並開始去向他們請教、學習。

第一項可以請教哪些人？＿＿＿＿＿

第二項可以請教哪些人？＿＿＿＿＿

第三項可以請教哪些人？＿＿＿＿＿

2

你想要學習的新領域（或將來想要投入的新行業），最重要的「核心樞紐」或「瓶頸」有哪些？有哪些人可以請教？請寫下來，並開始安排機會去向他們請教、學習，這是你切入一個全新領域之前，事半功倍的方式。

領域或行業名稱：________；「核心樞紐」或「瓶頸」________

可以請教哪些人？________

領域或行業名稱：________；「核心樞紐」或「瓶頸」________

可以請教哪些人？________

領域或行業名稱：________；「核心樞紐」或「瓶頸」________

可以請教哪些人？________

第8章

變數5 時間和流程

——完美主義是大敵

當兩家公司同時推出新的產品或服務，如果內容和品質水準大致相同，那麼誰先推出到市場，誰就先掌握了話語權以及品牌知名度，並且提早建立了客戶關係與忠誠度；第二家推出類似產品的廠商，可能被視為追隨者，甚至抄襲者。

在這個資訊流通迅速、高度全球化與同質化的時代中，如何比競爭對手以更短的時間完成新產品開發、更早搶占市場；或者，以更快的流程滿足客戶即時的需要，成為了每一家企業、每一位個人品牌經營者的重大挑戰。

與時間有關的三種變數

與時間有關的變數分成以下三種：耗時長短、時機、流程。分述如下：

1 **耗時長短：**總共要花多久時間完成。例如賈伯斯在一九八四年一月二十四日舉辦新產品發表會，推出轟動全世界的麥金塔個人電腦，該產品是起源自代號「麗莎」（Lisa）的個人電腦大幅進化而來。研發計畫最初開始於一九七八年，總共耗時長達五年。當研發或製造時間耗時愈長，就會占用愈多資源，包含資金成本和人力成本。一旦投入過多資源，將使得產品在成本回收上需要花更長時間，甚至會有拖延過久而錯過上市時機，而被競爭對手搶占了市場，白忙一場。

2 **時機：**新產品或服務推出的時間點。能否在預定的出貨日順利出貨，不僅影響到公司的信譽，也會影響到整個下游通路商銷售端的時間排程，依序連動。此外，**推出時機也往往必須搶在其他競爭對手之前，才能有「先發優勢」**（First Mover Advantage）——使公司能先在市場上建立強大的品牌知名度、客戶忠誠度，並搶先獲得早期使用者的回饋，據以改良微調產品。若落後競爭對手推出類似產品，可能被視為追隨者，甚至抄襲者。

3 **流程：**大多數產品製程都可以再分拆為不同模組或零件的子流程。**排程的優劣不僅會影響整體流程的耗時長短，也會攸關最後推出上市的時機。**尤其對於「核心樞紐」或「瓶頸」這兩種關鍵的環節，必須妥善配置，否則其中一個環節出狀況，就會拖累整個時程。

別讓完美主義拖累了進度

「完美主義」是時間的大敵。很多案子宣告失敗並不是做不出好東西，而是「做不出完美的東西」——尤其在注重面子的大老闆底下，**各主管都希望爭取最佳表現，以至於給出了超出實際所需的時間表**。這麼做的原因是，求好心切的主管，不希望自己部門給其他單位挑毛病的機會，因此保留了足夠的時間當作緩衝，而這些「被膨脹的時間表」，跨部門疊加起來，就成為一隻過胖因而舉步蹣跚的巨獸，讓公司不斷錯失市場最佳時機。

「保留一些時間彈性」本意良好，但是這些額外多保留的彈性時間必須花在刀口上（是一定要？還是想要？），要禁得起公開檢視。市場競爭是很殘酷的，我們耗費兩倍的時間，市場變數不是多兩倍，而可能是四倍。**就像細菌的增生是以「指數型成長」(exponential growth)——各種變數會交互反應，而隨著時間滾出龐大的變數雪球，讓你招架不住**。

「時間表灌水」通常是一種心照不宣的組織文化，往往是從部門主管起頭，單位主管與基層員工上行下效。要改變，就需要有魄力的領導者直接對各部門主管收緊，再往下層層要求改進，是可以逆轉的。

有些個人工作室、個人品牌經營者，並不會想對時間表灌水，相反地，會**「把事情想得太難」以致不敢跨出第一步，這也是「完美主義」的另一種變形**。許多人之所以錯過很多機會，是因為他們想要等做足了準備再開始——所以一直沒有開始。

要解決這種通病最好的方法，就是**先跨出顯而易見的第一步，讓一大步變成很多簡單的一小步**。葛瑞格．麥基昂（Greg McKeown）在著作《努力，但不費力》（*Effortless Make It Easier to Do What Matters Most*）中，描述了一段很生動的故事：

> 要不是當初里德．海斯汀（Reed Hastings）弄丟湯姆．漢克斯（Tom Hanks）經典名片《阿波羅13號》（*Apollo 13*）的VHS錄影帶，被他家附近的百視達（Blockbuster）收取四十美元罰金，也不會促使他開始思考，是不是有更好的方式可以供人租借電影？……海斯汀創辦Netflix的想法，是先做為一家出租DVD的公司，等網路慢慢跟上郵政系統，然後超越它。

海斯汀對Netflix的終極願景是一番龐大複雜的事業，需要歷時多年，並且運用當時還不存在的技術。他大可一開始就擬定多年、多階段的進程計畫，預估網路速度何時會超越在高速公路上疾馳的聯邦快遞卡車，為多種可能的發展草擬多份商業計畫，研究數十、甚至數百個變數，例如寄送DVD的運費、每張光碟可以承受的使用次數、公司因未歸還或損壞的DVD預期會承受的損失等等。這些海斯汀都沒有做，他只寄了一張DVD給自己。

……一開始做的，不是制定一套既複雜又詳細的實踐計畫，而是找到簡單得不得了的第一步，幫助他們決定究竟該繼續走第二步，還是直接放棄。

Netflix不是單一個案。如今有許多跨國大型公司，在創立初期也沒有複雜而炫目的營運計畫書（business plan）。而是先從最簡單的一步先跨出去，然後一步一步往前跨，直到營運規模大到必須公開籌資的時候，才付費請專業顧問協助撰寫營運計畫書。

如果你打算先寫出一本令人折服的營運計畫書再開始創業，那麼可能永遠也不會創業了——因為夠好的營運計畫書必須是該行業內資深經營者才寫得出來，而他們就是你的競爭者。

難事不難的祕訣：養成化繁爲簡的習慣

「化繁為簡」是一種方法，也是習慣，養成這習慣就可以處理許多難事。我大學就讀資訊管理學系，原本我恨透了寫程式，直到大二有一門必修課叫做「演算法」（Algorithm）令我感到驚豔。原來，生活中的許多大小事，都可以用不同的演算法來幫忙解決，這真是太神奇了。

有一個最令我愛不釋手的演算法，叫做「分治法」（divide and conquer）——把一個複雜的問題分成兩個或更多相同或相似的子問題，直到最底層的子問題可以簡單的直接求解，然後將子問題的解合併即可解決原本的大問題。簡單來講，就是「**拆散敵人、各個擊破**。」

在我修習「演算法」這門課之前，我曾不斷懷疑自己能否把資訊管理學系讀完、

圖8-1｜拆解問題、各個擊破的分治法

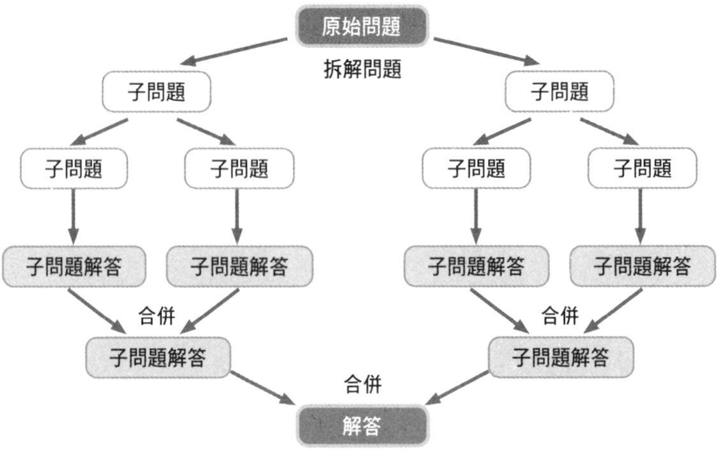

順利畢業。因為我估計大學畢業之前還需要寫超過上萬條程式碼，但我真的一點興趣也沒有，怎麼可能會順利呢？在我學會「分治法」之後，趕緊把資訊管理學系從大二到大四的所有必修課列出來、加以分類、然後歸納出一個結論：其實只有二〇%的課需要寫程式，我只要讓這部分低空飛過、不要被當，就行了。

「分治法」實在太好用，後來成為了我生活中「內建」的思維方法之一。這個原理原則並不保證我們可以因此把一個大問題拆分出來的眾多小問題全數解決，但是，**它讓我們獲得了一**

個嶄新的觀點去重新面對問題，將大問題打碎——不再有大問題了，而小問題就算我們自己無法解決，通常只要運用一些人脈資源，或者使用我們負擔得起的金錢，就可以買到解決方案。

一個人只要取得了某些程度上的進展，自然會回饋動力，讓前進變得更加容易。就像車子，一旦前進了，繼續前進的機率就很高；沒有發動，就永遠在原地。

「分治法」是一個相當底層、通用的演算法，也成為了許多複雜度較高的演算法基礎。而當今許多系統開發專案、營運規畫、生產作業流程的排程與計畫，都運用了這個基本的原理原則。

至於該如何將整個大計畫的時間表（以及流程）分割、打碎，成為較小的時間表（以及子流程），將在下一章「逆向建造」、「逆向時間表」來細談。

行動清單

1

a. 你個人是否因為完美主義，而有做事時間拖得太長的毛病？有的話，請找最近的幾次較重要案例，記錄實際花了多久的時間？若按照此書的指導，最快應該可以多快完成？

案例1：＿＿＿＿；花了多久時間：＿＿＿＿；最快可完成時間：＿＿＿＿

案例2：＿＿＿＿；花了多久時間：＿＿＿＿；最快可完成時間：＿＿＿＿

案例3：＿＿＿＿；花了多久時間：＿＿＿＿；最快可完成時間：＿＿＿＿

時機，是競爭的關鍵因素。下次遇到類似的事情，請以能夠最快完成的時間為基準做規畫，否則很多事情你都無法完成、把機會拱手讓人。

2

請寫下你自己未來有什麼想要實現的目標，是較高難度、耗時較長的？請採用「分治法」，將這個目標打散成二至五個不同的中小型目標（或二至五段時間上的里程碑），寫下來。從最簡單的那一個先解決（若有時間序，就先將第一段里程碑先完成）。

目標1：

第1個小目標或里程碑：　　預計何時達成？

第2個小目標或里程碑：　　預計何時達成？

第3個小目標或里程碑：　　預計何時達成？

第4個小目標或里程碑：　　預計何時達成？

第5個小目標或里程碑：　　預計何時達成？

預計何時達成？

目標2：

第1個小目標或里程碑：　　預計何時達成？

第2個小目標或里程碑：　　預計何時達成？

第3個小目標或里程碑：　　預計何時達成？

第4個小目標或里程碑：　　預計何時達成？

第5個小目標或里程碑：　　預計何時達成？

預計何時達成？

第 9 章
如何控管變數？

該如何找出關鍵的變數呢？可以善用ＯＫＲ（Objectives & Key Results，目標與關鍵結果）——由Intel創辦人安迪．葛洛夫（Andy Grove）提出，再由約翰．杜爾（John Doerr）將方法導入Google而聞名。目前包含ＢＭＷ、迪士尼、Twitter、Spotify、LinkedIn、Oracle、Dropbox、埃克森美孚（Exxon）這些國際上最具競爭力的公司都在實行ＯＫＲ。

O是「目標」（objectives）：想達成的事，ＫＲ是「關鍵結果」（key results）：界定目標的標準，並且監控如何達成，通常明確、有時限、可測量。使用ＯＫＲ的關鍵在於將O拆解成三個（或至多不超過五個）ＫＲ，而且這些ＫＲ必須由負責的員工來提出、與主管共同討論後確認下來。

有別於過去較常被企業採用的ＫＰＩ（Key Performance Indicators，關鍵衡量指標），對於員工來說是「別人要我們做的事」，ＯＫＲ則是「我們自己想做的事」。ＯＫＲ的可執行性較高，員工也比較能夠充分地去掌握，因為是自己找出來的，而不是由外行人來設定的。

現在世界變化速度太快，主管若沿襲過去「要員工做什麼就去做什麼」由上級說

圖9-1｜許多企業都在用的OKR

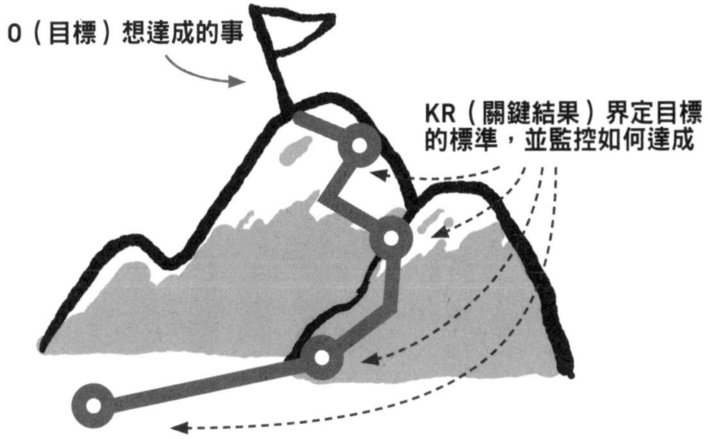

圖9-2｜OKR和KPI比一比

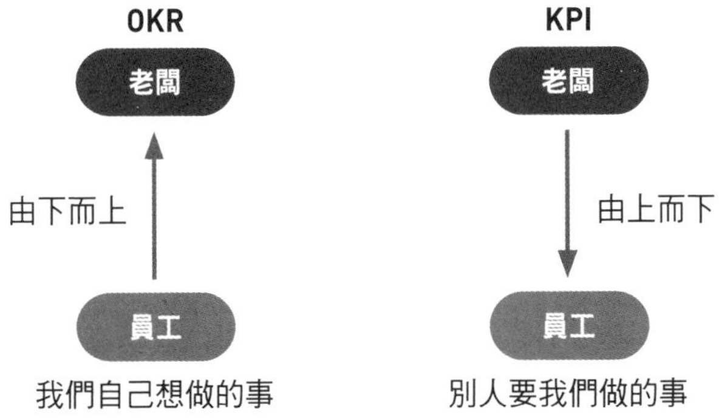

了算，等於是「由上而下」施壓；然而，第一線作戰的業務或工程師才是最了解目前最新挑戰、擁有關鍵技術的人。「由下而上」找出來的ＫＲ，最能夠掌握到關鍵的變數，並且經過與上級討論來取得共識、獲得上級的支援，這樣成事的機率不僅比較高，而過程因為市場變動而需要調整ＫＲ時，第一線的員工也較能即時反應出來。

身為管理者，不要以自己的觀點就直接判定了「關鍵變數」，你可以心中有所猜想、先列下來，但由部屬自己來提出，然後比較看看和你預想的差距在哪裡。若部屬所提的恰好等於你所想的，那就太棒了（因為部屬會認為是他們自己想出來的，而且你很同意並且支持他們的想法）。

若部屬提出來的ＫＲ和你預想的不同，那麼這正是你可以藉此去更新自己認知的機會。或許市況變了、競爭態勢變了、環境已經不同了，你舊有的認知已經過期了，必須更新。除非你覺得部屬提的ＫＲ不合理，或不符合你的期待或標準，那麼也可以藉由這個機會和部屬溝通，讓彼此知道雙方的期待和標準，從中找出一個均衡點——就算不完美，但至少雙方可以接受。

更重要的是，**由第一線員工所找出來的ＫＲ，通常就是「關鍵變數」所在**。例如研發工程師是最清楚一個產品所需要的關鍵元件是哪些，以及製造過程最容易在哪一個環節出狀況；第一線的業務人員是最直接面對客戶，接收客戶反應和回饋的人，最清楚感受到公司的產品或服務，目前遇到了什麼不滿。

若管理者無法妥善去管理這些最可能出狀況的環節，或無法聽到這些真實的客戶抱怨和建議，那麼訂定一堆的品質目標和業績目標都是危險的——關鍵問題不解決，卻硬要逼著第一線員工達成目標，結果只會引發員工的不滿，更常見的是以「上有政策下有對策」的陽奉陰違方式，藉由鑽漏洞或造假來達成上級要求的數字。其實，員工的向心力和熱忱也是很重要的變數，OKR由下而上的制定方式，恰恰好有助於控制好這個變數。

生活中如何運用OKR

OKR並不僅止於在工作職場上很實用，我們每個人生活中也都可以派上用場。

一般人都想要增加存款，來滿足某些目標，無論是結婚基金、全家出國旅遊基金、子女教育基金、個人進修等等。下表是以「未來一年內增加二十萬元存款」當作目標，並據以找出三個最可能有助於達成這個目標的關鍵結果：

O（目標）	未來一年內增加二十萬元存款
KR（關鍵結果）	1. 每個月多存下一萬元
	2. 拚年終獎金並存下八萬元
	3. 爭取年度調薪至少三%

對於一年要增加二十萬元存款的目標，分拆成月薪、年終獎金兩大部分，自然就可以分配出應該每月要多存多少錢，以及要存年終獎金來存多少錢。

一個月能存下的錢必定有極限，要不然開源、要不然就要節流。因此若「每月多存一萬元」已經是你所知的極限，就不能寫一個月多存一萬五千元，而是透過其他方式來補齊。「爭取年度調薪」可以大幅提高每月多存一萬元被達成的機率，是本業上最重要的開源方式之一，所以可以同步進行。

你可以根據自己真實的需要（以及極限），去修改以上的數字。例如你要四十萬，也可以，但是ＫＲ也會因此倍增，變成以下狀況：

Ｏ（目標）	未來一年內增加四十萬元存款
ＫＲ（關鍵結果）	1. 每個月多存下二萬元 2. 拚年終獎金並存下十六萬元 3. 爭取年度調薪至少六％

你是制定這個ＯＫＲ的「第一線人員」，因此最清楚知道目標可不可行。因為你是最了解目前所領的薪水狀況，以及公司的年終獎金發放制度、考核升遷調薪制度的人，這個ＯＫＲ由你來制定才會有意義。不了解你公司的外人，例如你的爸媽或另一半，對你要求一個ＫＰＩ說：「明年多存四十萬元」，這是毫無根據的，實現的機率必定很低。

回到「未來一年內增加二十萬元存款」這個目標，若你分析判斷是真的可行，我會**建議你將這個ＯＫＲ也跟你的主管分享**。會有兩大好處：首先，主管得知你有財務上的需要，而且也很積極想要爭取較高的年終獎金和年度調薪，因此，主管已經明白你是有企圖心和上進心的人，光是這點，就已經比其他毫無企圖心而只想維持現況的人要好。其次，若你遇到的是知人善任的主管，他便會在和你制定隔年度的個人目標時想到你有這個需要，而一併考量來制定有利於雙方的目標。

以上是生活中的實例，而在職場上做法完全相同。你所定的目標一定要和上司一起討論、達成共識，因為**你的直屬上司是最能夠影響你薪水、年終獎金或考績的人，**而非你的上上級，或同事、爸媽、另一半。

再延伸運用到一個企業管理者，在制定年度目標的時候，自然會蒐集到來自下屬們所提出的OKR，那些就是從第一線所觀察、掌握到的關鍵結果，也就是「員工的關鍵變數」。然後，**你可以將它們按照時間軸排列，找出最可能牽一髮動全身的「樞紐」，或一個環節卡關就會耽誤到其他許多環節的「瓶頸」，那些就會是你要掌握的「管理者的關鍵變數」**。

一百名員工加總起來可能會有一百種變數（雖然每個人可能會有三至五種，但許多是相同的），但一位管理者只需要找出其中最關鍵的三至五個即可，至多也不會超過十個。

行動清單

1

a. 你目前服務的公司，採用的是KPI還是OKR？

□ KPI

□ OKR

□ 其他：＿＿＿＿＿＿

b. 若是公司沒有引進OKR，你可以試著將自己被賦予的目標或KPI改寫成OKR形式，填入以下表格，然後分享給你的主管看。

O（目標）	**KR（關鍵結果）**		

若你的主管願意將來對你的評估改採OKR，你就賺到了，因為主要是由你提出、與主管討論取得共識，你會做得更開心。就算公司未來皆無採用OKR，至少你學會了OKR的方法，可以用在將來自己個人生涯目標管理上。

2

請寫下未來一年有哪些目標？請列出至少兩個，並且採用OKR的形式，來制定屬於自己個人生涯的OKR，直接填入表格內。若合適，也可以與你公司的直接上司分享、討論。有上司的協助或經驗指導，很可能加速你實現這些目標，或因此獲得更完整的資源。

O（目標）	
KR（關鍵結果）	

O（目標）	KR（關鍵結果）		

O（目標）	KR（關鍵結果）		

第10章

鮮乳坊的原力效應解析

許多人以為，在全球化、財團化的當今社會中，各產業都已經定型了，大者恆大，難以改變其生態。然而，現行做法未必都是最好的做法。在某些領域中，存在不少從源頭來改變營運模式的機會。需要有創意、有勇氣、有執行力的人站出來，凝聚眾人的力量，萬事萬物都有改變的可能。

二〇一五年在台灣成立的「鮮乳坊」，就是發揮原力效應的實例。原來從事獸醫工作的龔建嘉眼見慘遭食安波及的酪農，生計受到影響，於是發起「自己的牛奶自己救」運動，進而引發了一連串的原力效應。

本書透過與「鮮乳坊」公司創辦人龔建嘉的深度訪談，完成了以下的個案分析。希望透過這個案例，了解一家新創公司是掌握了哪些原力效應的關鍵變數而崛起，在過程中是如何掌握這些變數，進而實現了他們的理想。

引發人們參與的動機與熱情

鮮乳坊的起源，源自於一場「白色革命」。二〇一四年，台灣籠罩在食安事件的

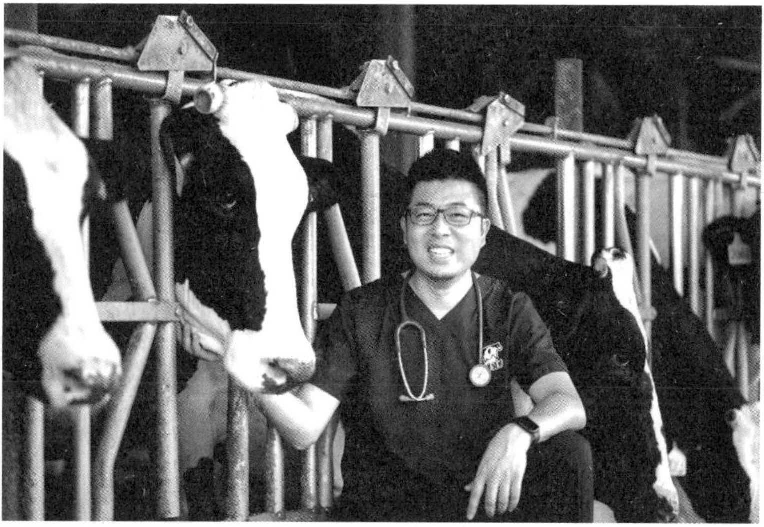

鮮乳坊的起源，源自於一場「自己的牛奶自己救」的白色革命。

陰影下，由於人心惶惶，某些大廠的鮮乳品牌受到消費者抵制，連帶提供乳源的酪農也受到牽連，生計受影響。然而，當時在全台農場出診擔任大動物獸醫的龔建嘉，心中深知，錯的不是辛勤的酪農們，而是後端的加工者，但是酪農們卻得承受最深的傷害與生計上的衝擊，這是非常不公平的結果。

一般消費者未必完全熟悉牛奶的產製過程、牧場與交到手上的牛奶關連。龔建嘉和牧場、酪農的連結深，又熟悉酪農業，於是想從源頭開始就給消費者最純淨的牛奶，也就是將單一乳源、無成分調整的鮮乳交到消費者手上，這就成了龔建嘉與另兩位共同創辦人發起白色革命的起心動念。這個良善的動機，喚醒了許多消費者心中的渴望，進而點燃了熱情，催生了一場鮮奶的革命。在行動的過程中逐漸發現，成立公司更能完善自己的理念，影響力擴大則能做的事愈多，進而催生了鮮乳坊。

從Why開始，做好溝通表述宣揚理念

確立了初心，要達成「可溯源單一乳源、無成分調整的鮮乳」送到消費者手上的目標，開始借助募資平台的力量，向大眾發出需要大家共同參與牛奶革命的訊號。二〇一五年一月，鮮乳坊在群眾募資平台「FlyingV」發起「白色的力量，自己的牛奶自己救」募資專案，短短兩個月，近五千位贊助者支持，累計六〇八萬元募資總額。當時，鮮乳坊提出「四大堅持」（也就是「為什麼需要鮮乳坊？」）全數打中了消費者內心：

① 獸醫現場把關

鮮乳坊大動物獸醫師團隊除了輔導牧場的飼養管理外，更現場監控日常預防疾病檢查、醫療用藥、配種懷孕、營養調配等，精準地掌握牛隻健康狀況與生乳的生產品質。

② 嚴選單一牧場

鮮乳坊每一個合作牧場的生乳，都秉持全程單一乳車運送、單一乳槽儲存，不混乳、可溯源，讓消費者知道自己喝的鮮乳來自哪個牧場。

③ 無成分調整

秉持讓消費者喝到安心健康的天然鮮乳，透過嚴格品質檢驗，保證每瓶鮮乳皆為「無成分調整」，品嚐不同時令、產地帶來的天然真實風味。

④ 公平交易

台灣的生乳收購，不論生產品質或是原物料上漲的情況下皆齊頭平等，因此讓願

圖10-1｜鮮乳坊4大堅持

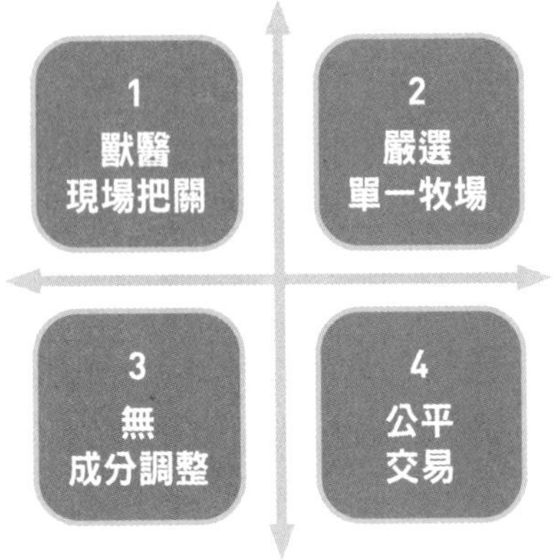

意投入資源在飼養管理的酪農承受龐大負擔。鮮乳坊秉持公平交易的理念，以高於市場行情的價格，向願意多投入優化牧場飼養管理的優質酪農收購生乳。

協助酪農成立自有品牌

鮮乳坊一直希望能夠協助酪農成立自有品牌，但要讓一個牧場獨立，卻不容易。要維持正常營運，每天所需的最低生乳製造量為兩噸，若沒有足夠的銷售管道以及穩定的客源需求，兩噸的牛奶量市場難以胃納，也害怕貿然行事會浪費酪農的辛苦成

靠著群眾力量認養的嘉明牧場。

果。所以，鮮乳坊決定再一次靠著群眾力量來認養第二個合作牧場：嘉明牧場。

這個募資案透過另一個募資顧問公司「貝殼放大」（當時他們並不是群眾募資平台，而是成立獨立的募資頁面，最近才成立平台「挖貝」）的幫忙，鮮乳坊進行了兩個月的集資計畫，最後成功達到十三萬罐的門檻，開啟了嘉明牧場認養計畫的第一步。然而，集資成功只是第一步，是否能夠穩定的生產，才是認養牧場的關鍵。因為小瓶裝的每批最低製造量很大，一般通路沒辦法承載這樣的冷藏空間，配送困難度也更嚴苛。

正當苦尋解決方案的關鍵時刻，竟然出現了轉機。他們主動與全家便利商店接洽，洽詢是否有合作空間，原本不抱著太大的希望，卻意外的獲得了機會。全家便利商店回應：「我們有看到你們群眾集資認養牧場的專案，獲得很多人的支持，相信這是大家想要的東西，這樣的商品，我們願意支持上架。」

原本只是希望酪農生計可以轉好，進而自立的初心，那股希望共好的初衷與願心，經由群眾募資專案而擴散開來，不但吸引了許多民眾的支持，以行動認領，更引發了通路業經營者的興趣，探求合作的機會。

鮮乳坊在溝通表述上所強調的「四大堅持」，完全呼應了他們創立的動機與熱情，始終一致而且明確，這在吸引合作夥伴上，相當具有說服力以及穿透力。

掌握關鍵變數1：從源頭設想創意

提到創立鮮乳坊的初衷，有別於一般企業成立時先觀察市場需求，進而思考販賣產品的模式；龔建嘉一開始的思考點，就和當時市場的從業者想得不一樣。

通常發展一個事業或思考商業模式，多數人是觀察市場的需求、以產品生產的能力為首要考量，也就是以「產品思維」來思考。現在食品的發展，已經走到了「食品工業化」，讓食品在高速、快速的效率上大量產製，正因為有效率，因此有很好的成本優勢。

而鮮乳坊一開始的出發點不是為了創業。創辦人龔建嘉原本擔任大動物獸醫，在產地與酪農有頻繁的互動，也受到農民很多照顧。他觀察到酪農與食品大廠合作的過程中，無論是收購機制，或不同品質的農民過去的生產模式是混和生產的，在許多方面來說，現況都不是對農民最有利的狀況。於是，他開始思索是否有改變現有產銷模式的可能性？是否有對酪農與消費者都更好的一種做法？

會這樣想，也和現有的產業參與者有關。大部分的乳品工廠都是食品背景，而龔建嘉則是以乳牛獸醫身分深耕於農業，他對食品非常陌生，諸如加工產線如何設計、加工等專業，他並不具備。他比較熟悉的，是酪農業。

鮮奶很特別，屬於一級農產品，是低度加工、與農業本質很有關聯的品類。從這

圖10-2｜從不同的產業思維思考

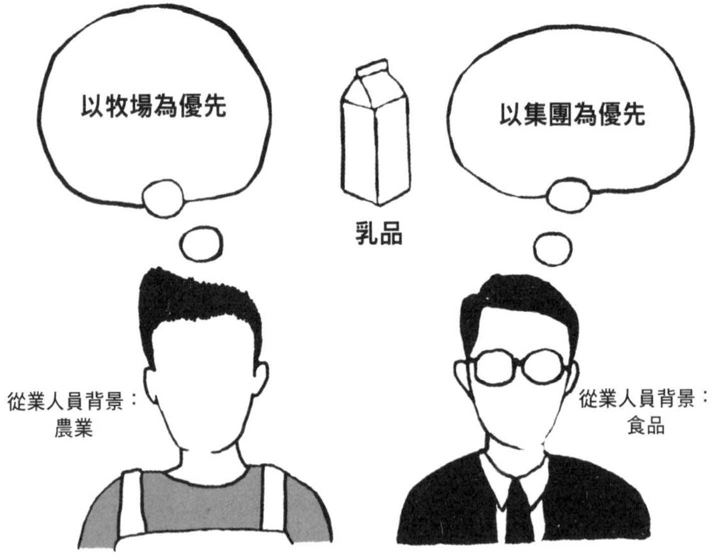

個角度思考，龔建嘉認為乳品代表了兩個產業：食品、農業。他是農業代表人，對牛了解，對牧場了解，對現場了解，對農民熟悉；過去的乳品從業人員多是食品背景，思維邏輯和他全然不同，等於是食品產業和農業兩種完全不同的產業思維。乳品產業代表的是加工、運送、銷售通路、品管檢驗、包材等，屬於食品產業的邏輯；農產業的邏輯著重在酪農的飼養環境、飼料來源、榨乳機、牛隻健康方面。

龔建嘉則是以農產業去思考

鮮奶。儘管龔建嘉對食品工業相對陌生，然而他擔任獸醫在產地端與農民相處的經驗，讓他對於農業的本質有深厚的了解。他說：「我的邏輯是，鮮奶為農業價值的載體，而非食品價值的載體。**我沒有以工廠為優先去思考可行性，而是從牧場為優先去思考**，這就有很大的差別。」這也就是他創業的出發點與創意來源。

掌握關鍵變數2：資金

鮮乳坊的草創過程，在籌資方面走了一條與傳統企業發展截然不同的路徑。一開始，是先在群眾募資平台「FlyingV」發起「白色的力量，自己的牛奶自己救」專案，獲得六〇八萬元的認購。但這並非股權籌資，比較像是「預購」的產品模式，因此在商業的定義上並非籌資的管道。不過，這在鮮乳坊的商業發展上扮演很關鍵的資金角色，起了重要的開頭。

當時在群募平台設計了幾個方案，分別可預購三個月、半年、一年份的牛奶，先預收牛奶的錢，鮮乳坊再依訂單慢慢配送。這有兩個意義：第一、牛奶一次的生產量就要二千罐，牛奶的保鮮期很短，無法等生產完才找通路賣，因為若還沒找到通路、賣不完，牛奶就得全部報廢，因而產生高度損失，所以牛奶的庫存管理非常困難。

用群眾募資的好處是，可以先拿到訂單。舉例來說，有五千位消費者參與群眾募資，也就是說一次要配送給這些人，訂單需求量一次就有五千罐，所以已經可以達到最小生產量。市面大部分的產品生產量頂多增加庫存，不會增加報廢，但因為鮮乳坊的牛奶保存期限只有十二天，所以若不符合最低生產量，馬上就會面臨報廢。

當時在群眾募資募到六〇八萬元，獲得六〇八萬元的價值是：

①已經有五千位消費者的訂單。

②它不是單次性的訂單，而是包含預購三個月、半年、一年的長期性訂單。

所以，基本上可確定，在前半年，每次生產都至少可達最低生產量。等於以時間換取空間。拉長了可以存活下來，找通路、找接下來要如何販售的商業模式的緩衝時間。

第二、在資金上的價值是，先拿到未來一整年訂單的資金，接下來再慢慢出貨，現金流較充裕。因為每個月都要付款給農民，直接上架通路的應收帳款票期可能落在兩個月至三個月間，若一開始選擇上架通路販售的方式，因為應收帳款的票期長，則需要較龐大的周轉金。反之，若採用群眾募資，則可在前期就先取得現金再出貨，金流較穩定。

在群眾募資的資金管理上並沒有特殊的要求。一開始是用個人名義發動專案，但團隊認為，妥善管理這筆募資的錢，是對這些募資的民眾很重要的信任基礎，所以決定成立公司。希望以公開透明、企業經營的方式來妥善管理群眾募資的預購金。成立公司時，龔建嘉與兩位合夥人也各自出資作為公司初始的創始基金。

在公司成立一年以後，開始與一些通路合作，包含主婦聯盟、微風超市，最關鍵的是鮮乳坊打算進全家便利商店。但因為要上全家便利商店通路，得克服應收帳款的票期問題，會需要較多的營運周轉金，否則在全家的銷售愈好，供貨的鮮乳坊則資金壓力愈大。因為得提前支付酪農生乳的費用，但卻會較晚才收到銷售牛奶的帳款，因而產生資金缺口。

於是，鮮乳坊開始進行第一次的增資。這次的增資的對象，主要是身邊認識的企業界前輩、認同理念的親友，那時差不多五到十位天使投資人的參與，才讓鮮乳坊獲得初期的營運資金。儘管每一位出資者所貢獻的資金並沒有像機構投資人這麼多，但都給予很多的信任與機會，尤其在早期鮮乳坊還沒有完整的財報，這些早期的天使投資人卻成為了最重要的支持。

其實在天使輪增資之前，也曾經談過一些機構投資人，希望可以獲得他們的入股。但是畢竟這類機構都有既定的評估模式，以快速回報或退場機制為首要考量，衡量公司價值的方式也相對傳統，最後開出的條件遠低於公司的估值，鮮乳坊很難答應配合遠低於預期的條件。幾位創辦人屢屢碰壁之後，對於這類的籌資方式感到心灰意冷，決定找認同鮮乳坊的天使投資人方式募資，這些人認同、看待鮮乳坊公司的價值，符合他們認知社會影響力的價值。

後來又過了一年左右，收到「大江生醫」的主動聯繫。「大江生醫」當時是一家上櫃公司，後來轉為上市公司，他們擁有一些很關鍵的發酵和菌種技術，希望以乳品為載體，找尋乳品業者一起共同研發合作。對「大江生醫」而言，手握珍貴的關鍵技術，如果只是一般的商業合作會太可惜，所以不想隨便找合作對象。在此前提下，找尋合作夥伴時是以投資為前提，做新商品系列的開發。

在找上鮮乳坊之前，「大江生醫」已經找了市面上很多做乳品的公司。儘管鮮乳坊相對於其他乳品大廠來說，是最小的一家候選對象，但是對於產品、市場創新的想法有獨到的見解，再加上透過媒體的報導，了解產業發展的核心理念彼此相近，因此雙方花了半年的時間討論技術合作，再過半年之後才正式成為股東。大江生醫成了鮮乳坊非常重要的合作夥伴，後來一起開發出了一項產品叫做「玻妞優格飲」，該產品含有一種菌種，它吃掉乳糖之後會自然產生玻尿酸，是非常特殊的一種創新產品。

本章所談的**「五大變數」雖然看似獨立，但往往變數之間彼此關聯**。在鮮乳坊的例子中，因為「關鍵技術」促成了大江生醫的合作機會，進而引入「資金」成為機構法人股東。在許多企業個案中，「資金」也會帶來「人脈」或「關鍵技術」。

在這段期間，陸陸續續也有些創投和機構聯繫，但因為沒有主動增資的必要性和高度擴張的需求，所以沒有積極的往下進行。

直到最近兩年，才又有另一個機構投資人主動洽談入股鮮乳坊，對方是中國信託的一個投資藝文產業為主的基金。在COVID-19本土疫情爆發之後，這些藝文產業受託投資標的有許多活動或表演取消、停辦，因此必須轉而尋找其他的投資機會。其著重面向包含從ESG（Environmental、Social、governance）角度出發，來支持對於這方面有貢獻的B型企業或社會企業，鮮乳坊就在二〇二〇年底受到青睞，並在二〇二一年初，正式獲得該基金的入股。

從以上三個不同籌資階段來看，鮮乳坊在資金取得上與一般由產業內其他中大型廠商合資、入股的形式截然不同，而是從群募預購產品、小型個人投資人股東開始的。這給了當今許多年輕創業者很好的啟發：**並不是一定要有很完整的財報與籌資計畫，才能開始一個事業**，而是先開始了，才有機會受到機構投資者的青睞。呼應了一句網路熱門話語：「不是很厲害才開始，是要開始才會很厲害。」

掌握關鍵變數3：影響資源分配的人脈

相較於有些人剛創業時，挾帶強大奧援；創辦人龔建嘉與兩位合夥人都沒有強大的背景，也沒有堅實的人脈做後盾，鮮乳坊的起步是奠基於每一個小小的人脈。鮮乳坊是由群眾募資預購鮮乳起家的品牌，發展過程中用了許多在外界視角看來是中小型人脈的人，並整合起每一個小型人脈，這些人最後成為關鍵人脈，逐漸幫助鮮乳坊成長至今。

和大型的乳品公司相比，鮮乳坊是資源相對不豐沛的公司。面臨比你強大的對手，你的策略是什麼？是直接和他比資源嗎？還是跳脫框架思考，盤點我手上的資源有什麼，有哪些是為我所用的？

在推廣業務時，盤點手上的人脈，絕對可以幫助自己設定戰略，設計出自己的解決方案。

鮮乳坊草創初期，所合作的通路並非我們熟知的大通路，而是透過非典型通路。這些非典型通路來自於最初參與群眾募資的五千位消費者裡，其中有人經營小店，例如：補習班、寵物美容店、書局、藥局等等，他們也有意願在他們店裡面幫忙賣鮮乳。

這些非典型通路對鮮乳坊的發展至關重要，也很關鍵。若要和大乳品公司比資源，鮮乳坊根本不可能贏過這些大企業。若要以小博大的話，就得打破比拼「關鍵資源」的邏輯，而是以「資源整合」的能力突圍。龔建嘉說：「**想要以小搏大，就要整合非常多的小資源，這個資源整合的能力才是最重要的，這才能突破現有大廠主導的現況。**」

不小看每一個小資源，整合力才重要

資源整合的能力，也是鮮乳坊和大乳品公司的區隔。龔建嘉在思考人脈時，不特別看資源多寡，而是希望能就現有資源深入經營，並盡量整合手上的資源，建立起聯盟的網絡。

就以和酪農的關係為例，鮮乳坊深度經營每位酪農的關係，而酪農也非常願意全力配合。例如，關鍵客戶想到牧場參訪，在過去，對大乳品公司來說，酪農根本不可能配合。不過，酪農很願意幫鮮乳坊做消費者溝通、牧場的參訪，甚至是在產品的品質上，配合做出具有差異化的項目。

而鮮乳坊的股東群也不是大的出資者，享有很大的資源，不過當這些股東手上有一些有價值的人脈時，都會主動提供，幫助鮮乳坊在資源不足的情況下，克服難關。

例如，最初，群眾募資結束後，碰到的最大難題是「如何把牛奶配送出去」。

大型乳品公司都自建完整的冷鏈系統，並沒有開放給外部使用，如何保持牛奶的新鮮，又要送到通路就成了亟待解決的問題；如果透過大型物流廠商，如黑貓、大榮貨運來配送，基本上物流費用高昂，且其配送環

整合手上資源，利用機車配送，克服冷鏈系統問題。

境並非針對鮮乳這種需要溫度控管、恆溫的品類設計，因此，不管是物流費及運送條件都無法配合。

所以，當時鮮乳坊決定整合手上人脈，透過小農市集（厚生市集）線上的管道，討論機車配送的合作，並與厚生市集同在一棟辦公大樓的勝利廚房商借冷藏空間，再由厚生市集協助後續的機車配送，成功地解決了沒有大乳品公司冷鏈系統的問題。

對龔建嘉來說，他很難說有哪些重要人脈力量、特定的關鍵人物起決定性的作用，因為任何一個點斷掉了，都會無法進行。這每一個點都是一個巨大的資源嗎？其實又不是。對鮮乳坊來說，其經營模式並非找強大的資源進來，而是串連許多小的資源，但採取非常深度的合作；這些利害關係人都是鮮乳坊的聯盟之一，這有點像是用聯盟的思維去思考，而非集團的思維。

在鮮乳坊發展前期一直是和小的夥伴合作，直到鮮乳坊創立幾年之後（全家是隔年就合作了），在規模擴張之下，才出現了一些較大的合作夥伴，例如家樂福、路易莎、大苑子、美芝城，這些都是很重要的一些關鍵客戶；這些關鍵客戶對後續發展的速度和規模擴張都有極大的幫助，但都是晚期才出現的。

圖10-3｜鮮乳坊如何整合手上的每一個小資源

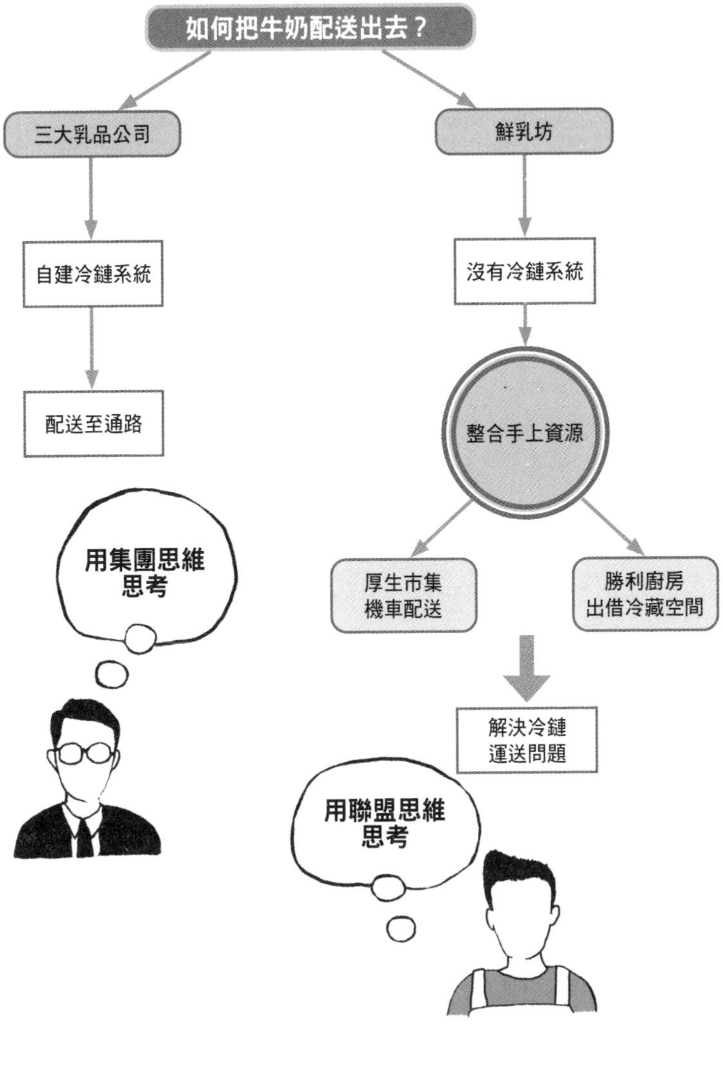

因此，龔建嘉總結他自己對於人脈的看法：「年輕人要創業若想找到大型合作夥伴才開始，那麼會很難往前發動。整合性才是重點。不要看輕資源小，**手邊只要你能接觸到的資源都是好資源，而不是說一定要一個巨大的夢幻資源**。這樣的邏輯反而更適合在現在很斜槓化、零碎化的創業生態當中運作，成為一種支持系統。」

掌握關鍵變數4：關鍵技術

與其他大廠截然不同，**鮮乳坊經營乳品的思維邏輯並不是食品，而是農業**。現有乳品公司的食品生產技術都是非常強的，包括：包裝的包材、產線的設計方式，特殊的一些滅菌條件等等，這些都是他們非常強大的技術優勢。

然而，最有趣的是回到鮮乳這個產品的本質，它屬於一級農產品（免稅產品），屬於低度加工的農產品。以龔建嘉的視角來看，這瓶鮮奶加工技術再怎麼了不起，頂多占這瓶鮮奶的二〇％；這瓶鮮奶真正的本質是牛乳的品質、風味與檢驗，這八〇％才是他認為最關鍵的。所以鮮乳坊的技術是農場的技術，並以農業為出發點來經營，為乳牛們備齊了營養師、畜舍設計的專家、健康管理分析師、大動物獸醫師和藥師等等，掌握的是農產業的關鍵技術。雖然有些乳品大廠也都有獸醫師，但多半是在乳品部門做生菌的檢驗、抗生素快篩，平常是坐在研究室裡面，而不是在現場端。

也因為參與鮮乳坊草創的團隊成員都是牧場的專業背景，都不是食品的專業背景，所以走了一條與其他乳品大廠截然不同的管理模式。之所以走牧場的專業，第一、和一開始的起心動念有關；第二、在資源量也不可能和食品業做比拚；第三、在龔建嘉的視角裡，牛奶既然是一級農產品，它真正最關鍵的技術本來就在牧場端而非在食品端。因為其商品本質就是農產品。

基於上述理由，龔建嘉說：「我們花了比較多的力氣在牧場飼養管理的優化，例如：怎麼做更好的牛隻健康監控？怎麼做更好的牛隻畜舍改善？怎麼做更好的牛隻動物福利的設備更新？」

舉例來說，一般的生乳檢驗做法，都是生乳送到工廠之後，進行很多的食品檢驗，以符合法規的藥物殘留、乳品品質標準等等。然而，龔建嘉認為：「那叫做被動檢驗，生乳已經生產之後，再怎麼檢驗也無法改變生乳的品質。我認為更主動的做法，是牛隻的用藥管理、留意乳牛是否生病。」

被動檢驗和主動檢驗的差別在於，如果你要檢驗某項項目，政府都有公開的規定。例如：不能有一百項抗生素的殘留，工廠就針對這一百項抗生素做檢驗，但有個很大的風險是，牧場如果用第一〇一項抗生素，工廠就檢驗不出來。在實務上，這只是沒檢驗出來，而不是指它不存在。

龔建嘉認為，更主動的做法是回歸到牧場管理：牧場裡的藥櫃到底有哪些藥，牧場到底有沒有正確的用藥觀念、用藥知識以及乳牛是否真正生病，這才是回到源頭做深度的管理。所以鮮乳坊的關鍵技術是，回到源頭去做溯源管理。而且在藥物管理跟品質管理方面，不是在工廠端做被動檢驗，而是到牧場端做主動性的控管。

因此，**鮮乳坊回到乳源的牧場端，去進行深度的控管——駐場管理**。龔建嘉每個禮拜都會到各牧場做獸醫服務，幫全場的乳牛進行健康檢查，酪農們要買什麼藥品、做怎樣的用藥管理，有沒有符合停藥期等，都是由他親自與酪農進行溝通、流程管理與教育。這也是和現有產業不同的地方。

掌握關鍵變數5：時間與流程

在時間與流程方面，鮮乳坊和其他企業比較不同的是，牛奶配送通路與其他乳品公司不同。這是因為鮮乳坊的起頭源自於募資，所以接下來面臨的問題是，通路鋪貨該如何解決。一開始採取的是非典型通路，這其實是社群給鮮乳坊的建議。

當時群眾募資結束後，收到補習班老師的來信，希望可以在他的補習班賣牛奶。龔建嘉一開始聽到時，覺得是善意提醒他們該進行下一步了，而不是代表真的要在補習班賣牛奶；他覺得太不可行了，誰會想到在補習班賣牛奶？但是當接連三五個消費者都來信洽詢銷售事宜時，就讓他們轉變思維，誰說鮮奶只能在原來賣鮮奶的通路販賣？只要有自己經營的空間，就算是一個通路。

翻轉思維後，因應非典型通路的創生，發起了一個「奶頭計畫」。鮮乳坊廣發英雄帖，邀請全台灣的人將冰箱借給他們使用；只要出借冰箱或將鮮乳坊的冰箱借放在消費者的空間皆可，並找附近的人一起來團購，負責揪團的人因為是領頭人，因此稱為「奶頭」。團購解決了運費成本問題，因為配送一瓶和十瓶鮮奶的運費是相同的，降低配送成本是經營損益上很重要的一環。

非典型通路也有不同的行銷解法

1 靠尋寶地圖突圍

然而，由於每一個非典型通路並非顯著的地標，有些可能是在某一棟大樓內三樓的補習班，而且營業的時間也都不一樣，因此管理上是很大的挑戰。後來在Google Map上面做了一個鮮奶的尋寶地圖，每一個銷售點都標示營業時間跟聯絡方式，讓消費者可以就近去購買。

2 封閉式社團整合

鮮乳坊一開始就有認同理念的五千位消費者，品牌黏著度高，所以在臉書上成立了一個封閉式社團，盡可能用口碑、群眾網路的方式幫忙宣傳，屬於「拉」的力量。龔建嘉說：「有很多的獨立咖啡店，還有非常多的業務機會，幾乎都是由店家推薦進來的，而不是我們自己開發。所以在行銷跟銷售上，跟過去養很多業務人員去做『地推』（地面推廣、線下推廣）的方式，是完全不一樣的。」

當然，這是一條比較辛苦的路，因為必須跟消費者之間有深度的互動，真誠地建立關係，是很長期經營的過程。所以，鮮乳坊在社群平台空間上的經營，花費很多時間跟力氣，這件事情算是他們一個關鍵的差異所在。畢竟，鮮乳坊在配送與銷售實務上相對弱勢，不像三大乳品業者都有數百台、數千台貨車的冷鏈物流系統。

③ 沒有資源就整合

由於資源不比三大乳品公司，在配送和銷售服務上就不能依循傳統思維。在解決產品送到最後一哩路的方法時，借助在地代送商的力量，找定代送商後，深度且長期合作。龔建嘉說：「例如在台中有一個很棒的長期合作夥伴，我們就只跟他配合，即便有些地區可能送不到，我們也不會想要找更多的備案。由於他跟我們互相

透過不同形式的冷藏配送來提高服務效率。

的信任關係非常深，所以他雖然也送很多南北貨的商品，但是他的車廂願意全部貼上鮮乳坊的車貼，因為他也很認同我們的品牌理念。」

其實跟集團式的購買相比，整合是比較花心力的；在沒有資源的時候，反而是可以讓資源最大化的做法。你不需要自己購買它，但你需要建立關係。所以建立關係和擁有資金，龔建嘉認為是二擇一，如果沒有資金就建立關係，建立關係就產生一個整合的價值。

在客戶服務方面，鮮乳坊有一個較特殊的「訂單服務」單位，是在公司成立之初就有。因為知道需仰賴地區性的代送商，所以在配送服務的一致性、配送的速度效率上可能都沒有像大廠這麼有競爭力；但是鮮乳坊也想讓客戶感受到解決問題的誠意，而且真實了解他們的需求在哪。所以特別成立「訂單服務」的組別，並在編制上投入相當多的人力。同時盡量透過電話、Line群組，讓客戶可以最快速、容易的回饋他現在的需求。這樣的編制是知道自己的劣勢之後，找到可以彌補這個劣勢的一種新的做法，讓客戶感受到鮮乳坊是很有誠意，而且有提供附加價值的服務。

此外，鮮乳坊在客戶經營上也有獨到之處，**有別於一般大型企業通常是單向的與消費者互動，例如常舉辦抽獎活動、贈禮來討好消費者，鮮乳坊則是雙向的與客戶建立長久、深厚的關係**。例如在臉書成立「鮮乳坊A⁺⁺奶粉罐」社團，讓消費者成為共同合作的夥伴，一起來服務其他的利害相關人。例如在父親節的時候，邀請消費者一起錄製影片送給辛苦的酪農們；或在重要合作夥伴（例如大苑子）生日（周年慶）時，一起祝賀對方、參與合作夥伴的活動，因此，其他夥伴要加入時也會感覺到是彼此照顧的。在社群媒體崛起的時代，這是種有利於提高客戶黏著度的做法。

總結

鮮乳坊無論在以上五大變數的任何一項，幾乎都採取了非典型的做法，從零開始建立，卻實現了以小搏大、異軍突起的驚人力量。他們的成功，給了許多年輕創業家們相當珍貴的一次示範：**即便沒有資金與人脈，同樣可以憑藉著良善的動機、熱情，掌握到獨特技術，也可以突破產業現有的競爭法則，走出一條截然不同的成功之路。**

此外，鮮乳坊創造的不僅僅是消費者、酪農、公司三贏局面而已，他們更是以實際的行動，來推動台灣的酪農產業永續經營以及促進地方創生。在台灣，彰化福寶村、雲林崙背鄉、台南柳營區、屏東萬丹，是相對集中的酪農區，不同的地方都有不同的飼養風格，過去乳品大廠的做法是從各地收購之後混和生產，並透過工業化的方式讓規格和風味一致；然而，每一個產區乳牛吃的飼糧不一樣，乳牛的品種以及育種策略也不一樣，鮮乳坊希望盡可能保留地區特色，所以每一瓶牛奶上，都會標示牧場的來源、名字、飼養者、產區，讓牧場的特色展現出來。消費者在喝牛奶的時候，也同時了解台灣的土地與農產業。

台灣在二〇一三年與紐西蘭簽訂了「台紐自由貿易協定」，實施後，液態乳等農產品是沒有任何關稅的。當時許多酪農都擔心被紐西蘭的低價進口乳品給取代。對此，龔建嘉則認為：「像日本有很多地方的牛奶是地方特色牛奶。例如北海道，有特殊的飼養方式，全世界只有一個彰化縣福興鄉。當他們很深度經營的時候，在國際上就不可取代。」

龔建嘉強調：「**愈在地，愈國際**。」他提供給了台灣的創業家們一個發自內心的建言：深根台灣，發展出在地特色，自然可免於被全球化、標準化、工業化的浪潮給淹沒。

行動清單

1 在鮮乳坊的實例解析中，他們在哪一個變數上的做法，最讓你感到驚艷（或最讓你佩服）？該做法有何獨到之處？

2 在鮮乳坊的實例解析中，有哪些是你可以借鏡、使用到你目前的工作或生活中？請寫下來，並且開始去嘗試做看看。

3

你個人有什麼特殊性，或哪些特質、特殊的經驗、特別的創意構想？請寫下來，這很可能就是你個人獨特的競爭優勢，也是你將「一人公司」發展為「一流團隊」，甚至「一流公司」的起點。好好珍視這些特殊性，並在將來各種場合和機會中發揮出來，不要埋沒了它們。

PART 3

逆向建造

reverse construction

前兩篇所提到的兩大步驟，第一步是起頭，第二步是將所有涉及的變數找出來並且加以掌握，而第三步，是把整個創造改變的流程串起來。

第 11 章

以終為始的逆向工作法

檢視當今改變世界遊戲規則的著名企業，我們可以發現，存在截然不同的管理風格。有些公司屬於中央集權，有如軍事化管理，例如鴻海集團、華為、UNIQLO；也有些重視授權，讓員工有高度自主決策空間，例如Google、Amazon。

無論管理風格如何，有一種逐漸受重視的工作流程管理方法，稱爲「逆向工作法」(Working Backwards)。這種方法，在全球電商龍頭亞馬遜被發揮到淋漓盡致。

史蒂芬·柯維（Stephen R. Covey）在風靡全球三十多年不墜的商管經典之作《與成功有約：高效人士的七個習慣》（*The 7 Habits of Highly Effective People*）所談的第二個習慣「以終為始」，與「逆向工作法」有異曲同工之妙。「以終為始」談的是個人的思維習慣，「逆向工作法」則是工作現場的管理方法，而相同之處都是從終點往起點回推。

「逆向工作法」與一般做法的最主要差異，在於大多數的公司或團隊在開發新產品、新服務或新技術時，多半會從公司角度出發，以最具優勢的技術或資源當作核心起點，發展出最有把握的產品或服務，再推展到市場上讓消費者買單；**亞馬遜則完全相反，他們是「從顧客想要的體驗」（也就是結果），逆向倒推整個新產品的開發流程。**

貝佐斯要求在開始建構任何新想法之前，必須先寫出「新聞稿」（Public Release）、「常見問答清單」（FAQ）。事先寫好新聞稿，是讓每一位參與研發的人員想像在產品發表會上，要告訴全世界：這個新產品將可以帶來什麼樣的好處？為什麼值得媒體業重視？為什麼使用者會喜歡並且買單？

事先寫好「常見問答清單」，則是為了讓研發團隊在開始投入研發之前，就先把所有可能會發生的問題都探究過一遍，把客戶將來使用時的流程先走過一次，確保沒有重要的細節被忽視了。亞馬遜的員工表示：「**我們認真研究並修改這些文件檔，直到滿意之後，才採取後續行動。**」這可以確保新產品或服務確實可行，而且能通過市場競爭的考驗。

以上又被稱為「亞馬遜逆向工作法」，主要是針對「流程」進行逆向倒推。「逆向工作法」的功用不僅限於此，也可以運用在目標成品的拆解，進而發展出所需要的「關鍵技術或元件」，本章稍後就會談到。

逆向產品開發：從客戶體驗出發

所謂「客戶體驗」，是指客戶在整個消費過程的每個階段（包含購買前的行銷、購買時的銷售，以及售後服務）的所有感受。也就是客戶在使用產品過程中建立起對企業品牌的主觀印象。**客戶體驗尤其著重顧客「感受」，滿足心理價值——後者才是客戶是否續購、成爲忠實客戶，還是會退貨、發生客訴的關鍵所在。**

市面上熱銷的商品，基本上都掌握了人的需求。例如，人們購買鑽孔機，為的是能鑽出牆上的孔洞，而不是想買鑽孔機。所以著重在比產品面的功能，只會落得和競爭對手拚價格的下場。所以，「理解顧客的需求，回應他的期待」才是企業不斷實踐的做法[1]。

能夠引發客戶高度渴望的產品或服務，不外乎分為兩大類：帶來「好處」（benefit），或能「解決問題」（problem-solving）。某些產品或服務同時能夠帶來好處、又能幫助解決客戶關心在意的問題，那麼就有更高的機會熱賣、長銷。

蘋果創辦人賈伯斯、微軟創辦人比爾．蓋茲，都是能深切掌握客戶體驗，進而開發出具有競爭力產品的箇中翹楚，以下就舉這兩位創辦人的實例說明。

賈伯斯在一九八四年一月二十四日舉辦新產品發表會，推出轟動全世界的麥金塔個人電腦，這一款產品的特色在於擁有圖形化使用者介面、內建螢幕和滑鼠，而且外觀漂亮、新潮——這在當時全世界個人電腦的世界裡是令人耳目一新的創舉。不僅有使用便利上的好處，更有新潮時髦的「身分認同」，當然還有它的效能很強，可以幫忙解決許多工作上的問題。

沒想到，比爾．蓋茲搶先一步在一九八三年底就舉辦一場記者會，公開宣布微軟要發展一套具使用者友善介面的作業系統（也就是後來於一九八五年正式上市的Windows視窗作業系統）。賈伯斯得知後非常生氣，要求當時在紐約舉辦記者會的比爾．蓋茲，隔天「馬上」飛到加州的蘋果公司來說明。根據《逆向工程，你我都能變優秀的祕訣》（*Decoding Greatness*）書中記載：

1　《我用行銷思維成為搶手的人才》，井上大輔著，新樂園出版。

蓋茲隻身前來，略顯彆扭地走進會議室面對大陣仗。賈伯斯立刻開口對他痛罵一頓：「你這個賊！」……「虧我那麼信任你，結果你竟然偷了我們的東西！」蓋茲說出一句：「我覺得實際上比較像是我們兩人都住在一個叫做『全錄』地有錢鄰居隔壁，結果我闖進他家去偷電視，卻發現原來先被你偷走了。」

事實上，全錄公司早在一九七四年就已經發明「奧多」（Alto），不過早期電腦都是商用，所以全錄的經營管理階層沒有想到電腦也會轉為個人用途，因此在一九七九年，大方地展示給賈伯斯看。

「奧多」的許多特徵，後來都成了麥金塔與眾不同的特色，例如較容易操作的圖形化使用介面、用來下達指令的滑鼠。這為客戶帶來使用方便的好處，又能省去背誦一堆指令的惱人問題。解決了早期的個人電腦作業系統，需要使用者熟記指令、輸入正確指令才能運作的操作門檻，這項創新足以讓客戶愛不釋手、趨之若鶩。

賈伯斯發現了這個關鍵變數，並且加以充分運用發揮。也因為後來的Windows

視窗作業系統幾乎具有相同特色，所以《逆向工程，你我都能變優秀的祕訣》作者認為麥金塔、Windows都是根據對「奧多」進行「逆向工程」去拆解、了解其運作方式，從中獲得重要的觀點或啟發。

逆向產品開發與關鍵變數

對於經驗豐富的工程師或老手來說，只要給他們親自試用了某些產品，他們就能夠逆向拆解出該產品所使用的技術或元件。學校教不出這樣的老手，最需要的除了經驗還是經驗，包含研發經驗、使用者經驗、過去累積的失敗經驗等等。

科技業老手很多，但為何沒有每一家企業都開發出像麥金塔、Windows這樣熱賣的產品呢？通常問題卡在「創意」，其次是「關鍵技術及零組件」，最後才是「時間和流程」、「資金」或「人脈」這些變數。

在本章開頭的例子中，「奧多」給了賈伯斯和比爾．蓋茲極致美好的客戶體驗，也就是「創意」的來源。不過，要能夠實現這種創意所需要的「關鍵技術」，當時只有全錄內部的工程師擁有而已。賈伯斯和比爾・蓋茲顯然並非透過購買專利或授權、挖角人才或技術團隊的方式來取得這個關鍵技術，而是透過自行研發。也因此，耗費了相當長的時間——他們從獲取創意到具體實現，各自都花了將近五年才開發完成。

要留意「時間」這個變數，因為相似的技術往往會在好幾家競爭者之間同步發展中，誰提早一步推出上市，誰就贏得大多數的市場。這就像是著作權法承認「平行創作」——不同的創作者在獨立創作情形下，偶然創作出相同或非常相似作品，是被認可的。

逆向產品開發四大流程

從客戶體驗出發的**「逆向產品開發」，主要包含以下四大流程：客戶體驗、功能、設計、技術**。下表說明主要內容以及負責人。

從逆向產品開發的四大流程來看，涉及不同的主要負責人或單位。過程中，各流程環環相扣、緊密相連，若各部門（或各單位）本位主義過重，導致各自為政，只想負責「自己份內的工作」，那就很難達成良好成效。

表11-1 | 四大流程看逆向產品開發

流程	主要內容	主要負責人
客戶體驗	1. 帶來某些好處 2. 解決某些問題	業務及行銷人員、客服單位
功能	1. 何種功能可引發客戶產生他們想要的好處？ 2. 若要解決客戶目前的問題，需要何種功能來達成？	專案管理者（Project Manager）、產品經理（Product Manager）
設計	1. 透過哪些設計，可以直接輸出所需的功能？ 2. 有哪些設計，雖然無法直接產出所需功能，但是卻可以間接減輕客戶的問題？	專案管理者、產品經理、研發工程師
技術	1. 新產品或服務的設計，牽涉到哪些技術？ 2. 有哪些其他的技術或因素，是可以間接協助了產品或服務的設計？（類似觸媒或催化劑的角色）	研發工程師

本書第二篇談「創意」這個變數，提到了「二〇%時間」的政策，這樣的做法對於新產品開發有極大幫助。也因此，通常在愈講求創新的產業，例如科技業，愈會著重於給員工保留彈性的時間。

另一個有效促進新產品開發

的方法，是組成跨部門的「專案小組」，不僅是專案管理者（或產品經理）必須全程參與之外，每一個部門或單位，則至少會有一位代表，同樣全程參與了整個流程，以確保在研發的溝通討論過程能夠即時回應、迅速面對問題並加以解決。

逆向產品開發實例解析

我個人在金融服務業工作十六年，頭兩年是從第一線的業務人員做起，直接面對客戶，得以充分了解客戶體驗的好壞；後來，有五年的時間擔任了產品經理（Product Manager，簡稱ＰＭ），另外五年擔任ＰＭ主管兼任新產品開發主管；最後四年擔任投資研究分析主管。

因此，我歷練過了金融服務業在新產品發展上的各個不同環節、扮演了不同的角色，也總共參與了三十多檔新基金（或ＥＴＦ）的募集與成立。

以下以某一檔新基金的開發流程，來進行實例解說：

表11-2｜從新基金開發流程看逆向工程

流程	主要討論的內容	主要負責人
客戶體驗	許多客戶希望能夠有每年配息率 5% 的基金，而且淨值波動不要太大	業務及客服單位
功能	1. 目標達到每月穩定配息約 0.42%（一年有 5%） 2. 單純只投資股票的波動一定過大；若單純只投資債券則利息收益無法滿足 5%。高收益債券的配息率夠高，但是在景氣衰退期間淨值也可能損失超過兩成。因此，需要包含股債混和的平衡式基金，才能降低淨值的波動率	新產品開發專案人員
設計	1. 由於各類資產每月所收到的股息或債息並不穩定，因此要做到每月穩定配息的基金，勢必在息收較少的月分要動用到本金 2. 只有股票加上債券，波動率還是太大，因此除了傳統的股票、債券之外，還需要納入其他的資產類別來降低整體基金的波動	新產品開發專案人員、投資研究團隊
技術	1. 只要主管機關在審核基金送件資料時，同意可以配發本金，則每月穩定配息 0.42% 是可行的。然而，按照主管機關對這類基金的基本要求，必須在基金名稱（以及所有文件、行銷文宣上）加註「本基金可能配發本金」等顯著字樣 2. 要做到波動率最低，最可能做法是將資產分散投資到以下幾種標的：高股息股票（而且是成熟產業的價值股而非成長股）、高收益債券（而且是信用評級偏高的公司債否則波動率太高）、投資等級公司債（而且是信評稍低的，才能有夠高的債息收益率）、可轉換公司債（固定配息，但債權人可以有將債權轉換爲股票的權利）、特別股（比普通股優先配息，但若公司虧損時就沒有配息）	新產品開發專案人員、投資研究團隊、新基金送件人員

從上表觀察，有兩個很重要的特點：

1 **客戶體驗相對抽象：**通常客戶所描述的是一種感覺、希望或想像。例如「基金淨值波動不要太大」是每一位追求安全感的投資者所希望的感覺。然而，要滿足這樣的需求通常就要犧牲報酬率。例如銀行的定存，或許可以讓本金非常穩定（除非銀行倒閉，但仍有中央存保公司的某額度內保障兌現），但利息就僅有一％左右，顯然與客戶的最主要需求：穩定每年配息率五％，有極大的衝突。

2 **愈往技術層次愈複雜：**通常技術掌握在投資研究團隊手上（或科技業、製造業的工程師），這些單位的人員並不直接與客戶接觸，因此會需要專案管理人員或產品經理居中協助溝通。也因為一般客戶不會了解需求背後所涉及的技術複雜性，因此，很可能對客戶來說：「我要的就是這樣，怎麼會做不到？」但對於技術團隊來說：「這是天馬行空，不切實際的想法。」

從客戶體驗出發的「逆向產品開發」，即是一個從抽象層次落實到具體執行層次

的推演過程，每一步的推進與演變是從「很不具體到具體」，因此是從單一點出發，拉出幾條不同的線，各自拓展成為面，最後落實成為一體——點、線、面、體的形成過程。我稱之為「**萬物的四階段創造過程**」。**客戶體驗、功能、設計、技術，四大流程，即是對應到這四階段過程**。

以這一檔新基金的開發實例中，我們可以觀察到「五大變數」中的「關鍵技術」成為最主要的限制。只要一檔能夠完全符合投資大眾所渴求的基金（例如高報酬率又低風險），推到市場上，就一定會有很多人買單，所以資金不是問題，而是何來所需技術呢？這也就是每一家基金管理公司的競爭力和差異化所在了。

目前全世界有數千家的基金管理公司，而屬於國際知名的大型業者，並不會超過一百家，若能夠得到國際市場的肯定，往往資產管理規模非常龐大，甚至大過許多國家的GDP總值。然而，往往也唯有規模龐大的資產管理公司，有能力養得起數百人的研究團隊，去同時看顧不同領域的投資和研究工作。

在前述的新基金開發案例中，要達到波動率極低的目標，就必須將資產分散投資到這幾種標的：高股息股票、高收益債券、投資等級公司債、可轉換公司債、特別股。不過，有些資產類別屬於股票市場的研究團隊負責，有些是債券市場的專屬團隊，這其實會有很大的問題。

即便在國際知名的不到一百家資產管理公司中，股票、債券幾乎都是不同團隊各自負責的。若要開發出跨資產類別的產品，會需要**兩個不同團隊一起做，因而產生「責任歸屬」或「權責不分」的難題**——兩個團隊看法不同時，該如何決定？若績效不好時，又要歸咎是誰的責任呢？

太多公司發生過這類績效責任歸屬的問題，尤其從二〇〇八年金融海嘯發生後，愈來愈多公司面臨風險控管、波動性管理的挑戰，因此，陸續有大型資產管理公司成立了「多重資產投資管理」的團隊，也就是由同一組人來管理股票、債券等不同的資產類別。

請留意，是由「客戶體驗」的考量出發，因而成立「多重資產投資管理」團隊，否則沒有一家公司會沒事找事做，在公司內已有人負責相同市場的情況下，耗費巨資去另外養一批人。

後來，市場的回饋證明了這樣的團隊很受歡迎。如今，金融海嘯發生至今已經十多年，那些願意聽從客戶需求的聲音，砸下重金，去培養跨資產管理團隊的公司，包含了摩根資產管理（J.P. Morgan Asset Management）、安聯全球投資（Allianz Global Investors），都因此在國際市場上大受歡迎，各自都獲得了數百億美元以上的資金，管理規模暴增。

這樣的回報，遠遠超過「另外養一批人」的成本。可惜的是，許多固守過去管理風格的老牌資產管理業者，反而以「核心技術」為本，沒有跨到「多重資產投資管理」領域，而將龐大的客戶需求與市場拱手讓人。

不僅在國際資產管理業者有這樣的現象，事實上，各領域都出現這種「由客戶體驗出發」而顛覆了原本產業競爭態勢的現象。

例如蘋果創辦人賈伯斯早期曾經誓言不做手機，後來推出iPhone，而橫掃了全世界智慧型手機市場；亞馬遜擊敗了全球零售業霸主沃爾瑪（Walmart），而成為當今的全球電商霸主；網飛（Netflix）取代百視達等等，都是由客戶需求導向出發，跳脫既有包袱限制，進而開創出全新的產品或技術、掌握了全球市場。

此外，除了關鍵技術之外，無論是投資的領域或科技業、服務業的領域，「何時」推出到市場，則通常是決定成敗的另一大關鍵變數。下一章，我們將把逆向建造的焦點，放在時間這個變數上。

行動清單

1

a. 目前個人使用的產品或服務中，最令你喜愛的品牌或廠商有哪些？

b. 在上述的品牌或廠商中，哪些公司是最著重「客戶體驗」的？從哪些方面可以觀察到他們對於客戶體驗的用心？

c. 將上述b.的公司所採取的方法或行為，思考如何借鏡作為你工作（或經營個人品牌）上的參考？

2

a. 你目前的工作（或所屬的公司）是否著重客戶體驗？從何觀察（或有哪些證據或跡象可以證明）？

b. 根據上述 a. 的觀察或跡象，思考可以做哪些事情來改善、提升客戶體驗？

第12章

逆向時間表

——以終為始

「逆向工作法」在「時間」的目標管理上，是一種非常具有威力的武器—從希望達成目標的日期倒推回現在，把整個流程拆解成幾個不同階段，計算出每一個階段該達成哪些較小目標、每一個時間點該做什麼，因而產生「逆向時間表」。

SpaceX創辦人，也是特斯拉執行長的馬斯克，會在一切尚未就緒的情況下，利用「逆向時間表」先將火箭的發射日期、電動車的交貨日期事先宣告出來。甚至，先接下了客戶訂單，再讓工程師反推給出對應的製造時間表。根據員工的講法，**馬斯克要工程師給出的時間表往往是細到「以小時計算」的，然而卻又讓工程師覺得是自己提出來、可以做得到的。**

馬斯克要求由工程師提出細分的時間表，有兩個重要意涵：一方面**符合了OKR的要點——由最能夠掌握關鍵技術的工程師來提出**；另一方面，細分的時間表**可以觀察到一件事物是如何被拆解的——管理者可以藉此學習到經驗**，同時也能在負責的工程師出狀況時，迅速找到類似的替代方案或人員來遞補完成。

《鋼鐵人馬斯克》裡記載，馬斯克常在SpaceX的工廠裡攔住工程師，詢問有關技術方面的細節問題，但並不是在質詢進度或考驗工程師，而是在學習。他會不斷追問，直到了解該工程師所擁有的近九成知識才罷手。馬斯克並無航太科技的教育背景，完全是門外漢出身，卻透過自學的方式，最後擁有了許多火箭科學領域的知識和技術。

馬斯克目前聞名全球的有三大事業體：SpaceX創立於二〇〇二年，特斯拉則是他在二〇〇四年入主的公司，之後在二〇〇六年與兩位表弟聯合創立太陽城（SolarCity），由他擔任最大股東和董事。

以上三個事業體，乍看之下，似乎分屬於截然不同的產業領域，實際上，卻都和馬斯克想要實現「人類殖民火星」的目標有關。若只是把人送到火星，但無法在火星上長期生存，就不會有人想去，必須確保能在火星上打造出人類宜居的環境才行。

馬斯克在二〇〇一年就先提出「火星綠洲」（Mars Oasis）的概念，計畫向火星發射一個小型實驗溫室並栽種植物。隨著SpaceX創立，他便提出了讓人類殖民火星的長期願景。二〇一六年，他表示希望在二〇二四年踏上火星，但因為相關配套技術尚未完備，看來難以如期兌現；因此，在二〇二二年改口表示，二〇二九年可以送人上火星。

無論是要送人上火星，還是要實現殖民火星的終極目標，**「儲能系統」是一大關鍵變數**。火星距離地球最接近的時候，也要五千五百萬公里，大約是地球到月球最近距離（三六・三萬公里）的一百五十倍，最遠離地球的時候則為四億公里。光是運送「探測器」抵達火星，最快也要花七個多月時間；若是搭載人類，則可能需要九個月航程。此外，將太空船從地球發射至火星，需把握火星距離地球較近的日子。因此，每二十六個月才會有一次最佳發射時機，否則航程又要更久。

挑戰還不僅如此，必須加上人類維生系統、艙內環境的控制，例如溫度、濕度、光線、艙壓、食物和日常活動等，所需耗用的能源會更多。因此，若要在火箭出發的那一刻，就把長達至少一年半，來回往返所需的能源一次裝載上去，不僅過重，而且可能容易爆炸。

高效能而且安全的儲能系統，是必須精準掌握的一大關鍵技術——特斯拉公司恰好提供了良好的發展基礎。因此，在二〇〇四年特斯拉公司早期最缺乏資金的時候，馬斯克以「天使投資人」身分入股，成為了最大股東及董事長，看重的並不是汽車產業未來發展，而是儲能技術。

SpaceX目前正在開發新火箭發動機SpaceX Raptor，將以低溫液態甲烷和液態氧為燃料，而不是基於現有的燃料技術。在SpaceX成立之初，馬斯克就曾表示，若出發時攜帶回程燃料，增加火箭負荷不太現實，需在宇宙補充燃料返回地球。火星上已知有二氧化碳和冰（CO_2、H_2O），可製成甲烷和氧氣（CH_4、O_2），意味著SpaceX Raptor火箭將可以在火星上取得燃料，而不是從地球載運過去。

太陽能是另一個重要的再生能源，而目前SolarCity已經發展成為全美國最大的太陽能發電公司，以低於國營電力公司的價格向客戶供電。二〇一六年，特斯拉汽車收購SolarCity，為太陽能業史上最龐大的交易。二〇一七年二月，特斯拉汽車亦正式更名為特斯拉（Tesla Inc.），進一步把電動汽車業務拓展到住宅及商業太陽能蓄電系統領域，打造為潔淨能源企業——這原本就是馬斯克想要的儲能技術，也是SpaceX長期目標所需要的——人類移居火星，在火星上長期生活最可能使用的潔淨能源之一，就是太陽能。

原本看似跨足三種不同產業：火箭、電動車、太陽能，但「以終爲始」倒回來看，這路徑就很清晰了——這就是馬斯克的「逆向工程」。而關鍵的時間表必然是

SpaceX實現「人類殖民火星」這個終極目標的「逆向時間表」：從他宣示「二〇五〇年在火星上建城市」的時間倒推回來，現在該做什麼？他陸續準備著。

二〇一六年，馬斯克聯合創辦了神經科技公司Neuralink，該公司專注於開發人機（人腦對電腦之間的）溝通介面，使得人類未來將不再需要透過傳統的輸入（Input）技術，例如鍵盤打字、滑鼠、語音、紅外線遙控器等，而是直接由植入到人腦的晶片來與電腦溝通，實現「與人工智慧的共生」。

同年，他又創辦了Hyperloop超迴路列車，是一種能在真空管中高速運輸乘客或是貨物的技術，速度比飛機更快，而使用的能源更低。這些技術似乎毫無相關，但若「以終為始」來看，都有可能是人類在火星上生活所需要的技術，現在就必須開始研發。

在上述的例子中，可重複使用的火箭技術、儲能技術皆屬於「人類殖民火星」這個終極目標的關鍵技術。其中，**火箭的技術屬於「瓶頸」**——能夠載人往返火星的火箭若無法被開發出來，那麼其他所有要在火星上給人類使用的技術全都變得無用了（不過在地球上還是可以用）。

儲能技術則屬於「核心樞紐」，因為這個技術不僅可以使用在火箭發動機燃料的開發上，也可以用在人類到了火星上定居所需要的能源，Hyperloop超迴路列車也可能會用到這類的儲能技術。

因此，在「人類殖民火星」的「逆向時間表」上，可重複使用的火箭技術成為了影響整體時程表最重要的「瓶頸」所在——這部分的延後，就會讓整個目標達成時間順延。因此，馬斯克早在二〇〇二年先創立SpaceX，先致力於研發可重複使用的火箭技術；其次才是二〇〇四年入主特斯拉，開始發展儲能技術；二〇〇六年才創立SolarCity，輔助特斯拉的發展，也作為將來在火星上建城市所需。

逆向時間表的兩大優點

資源是有限的，尤其是這些牽扯到超大型的創新技術研發，往往需要龐大資金，並無法在一開始就砸下重金去同步進行，因此，這凸顯出「逆向時間表」的兩大優點：

優點一：有些環節可以晚一點起步

若將一枚火箭拆分成一萬個零件，有些零件並不會影響到其他部位的功能運作，而是相對獨立的。火箭的研發製造可能長達好幾年，並不需要等所有零件全數到齊了才可以開始，有些環節可以晚一點再開始，而將需要較早開始的環節移到前面，這可以將時間的運用發揮最大的效率。

若使用順向的時間表，很難看出哪些環節可以晚一點再開始，但從「逆向時間表」來看，就會一清二楚。

如左圖，假設獨木舟所在的位置是已經組裝完成的火箭，而往右看會有許多的分支，每一條大的分支是火箭的一大部位，再往右看的話，每一個分支又可分拆為眾多細小的分支。很明顯地，並不是所有細小的分支都必須從圖片的最右端開始，它們可能是在中段才開始出現。

在這張圖片中，最左端為結果，也是時間的終點，最右端則是開頭，當我們由左而右看著這張圖，看似可以將所有工作展開，但時間上是逆向發展的。

插畫：「小草屋」蔡嘉慧

優點二：有助於目標的專注

沒有人可以同時專注在所有事情上，也沒有一家公司能夠同時專注在所有目標上。公司目標必然有輕重緩急之分，若公司要求員工「同時」準備所有的零組件，不僅沒有必要，甚至犧牲了員工的專注力，反而讓他們可能什麼都顧不好。

所有的物品都會有折舊耗損的問題，例如金屬會氧化生鏽，也都會占用資金、倉儲空間。只要能夠確保，需要這些物品的時間點上能夠準備好，這樣就行了。過早準備這些相對晚期才會用到的物品，將造成物資上的龐大負擔。

若屬於生產最重要的環節，由於牽涉到關鍵技術或零組件，往往準備的過程耗時較久，也就需要較早開始著手，讓員工先把焦點放在這些環節上，突破了瓶頸，後續的相關發展才會變得可能。**如果這些關鍵環節（瓶頸）無法順利解決，任務也就不可能完成，其他環節的準備都變成做白工**。

因此，專注於各階段的關鍵環節，將帶來一個額外、而且非常重要的益處：若是創新研發工程在關鍵環節上確認失敗了，就可以**提早喊卡，節省了許多不必要的資源浪費**，或者，必須盡快尋求替代方案。

本書第二篇提到「路徑相依」的概念——每一步都會影響下一步。替代方案所涉及的技術和零組件，往往與原本的方案截然不同，換掉一個分支勢必會牽扯到許多細分支；使用「逆向時間表」就可以清楚看到有哪些分支會被牽涉到，也就更容易加以管理。替換這些分支，對於整體目標完成的時間影響的長短，也會在「逆向時間表」上看得更清楚。

行動清單

1

a. 請問你目前的工作（或所屬的公司）在過去一年，有哪些重要的專案已經完成（或仍在進行中），採用的是一般順向的時間表嗎？

b. 在上述的實例中，請你思考，若該專案改用「逆向時間表」來控管，有哪些環節其實不需要太早開始？

c. 在上述的實例中，哪些環節屬於「核心樞紐」或「瓶頸」？請寫下來，只要多加練習，就可以提高自己精準抓出「核心樞紐」和「瓶頸」的能力。

d. 在上述的實例中，哪些「核心樞紐」或「瓶頸」曾經（或目前）遇到卡關的狀況？卡關之後，專案是否因此被擱置、放棄，或者尋求其他替代方案來解決？請寫下來。

2

a. 請問你目前的生活中，有哪些重要的目標已經完成（或仍在進行中）採用的是一般順向的時間表？

b. 在上述的實例中，請你思考，若當初改用「逆向時間表」來控管，有哪些環節其實不需要太早開始？

c. 在上述的實例中，哪些環節屬於「核心樞紐」或「瓶頸」？請寫下來。

第13章

逆向工程實例解析

用稍早提到的「新基金開發流程實例」，展開「逆向時間表」如下（＊為了配合商業機密，下表的時間軸採用示意而非實際發生日期）：

5月	6月	7月	8月	9月
5/18-8/17				
	6/18-8/17			
			8/17	
			8/18-9/17	
			8/18-9/17	
				9/18-9/25
				9月底

表13-1｜新基金開發流程逆向時間表

主要工作項目	1月	2月	3月	4月
客戶需求討論及新產品構思（至少兩週，有時長達兩個月）	1/3-1/17			
新基金架構確認：決定自行研發或聘請顧問或委外管理	1/17			
保管銀行洽談與簽約（兩個月）	1/18-3/17			
若需聘請外部顧問或委外管理：合作對象洽談與簽約（兩個月）	1/18-3/17			
投資研究團隊指派基金經理人、提供相關資料協助向主管機關送件與說明			3/18-5/17	
新基金送件給主管機關審查（兩個月至三個月）				
內部業務教育訓練（兩個月）				
主管機關核准新基金募集				
銷售通路教育訓練（一個月）				
行銷宣傳（一個月）				
基金募集期（一週）				
基金成立				

這個表格雖然「看起來」像是由上而下，順著時間由左往右展開，然而，實際上的規畫是從右下角「基金成立」的日期為起點，各項工作是由下往上展開的，每一個環節都與前一個環節時間緊密銜接。在我過去十多年來參與每一檔新基金（或ＥＴＦ）的開發流程，無論在哪一家公司，都是由右下角開始，倒著往回推的，因此屬於這個行業必然的通例，而不是特例。

關鍵點分析

確認三個里程碑

在整個流程中，以下三個日期是關鍵的時間點，也是里程碑：

1 **基金成立：**從這一天開始，才算是一檔新基金的誕生。在某些市況非常糟的情境下，有些小型基金公司募集新基金是有可能募集失敗，那麼，為了這個產品所付出的之前所有努力，就幾乎完全白費了。之後若要募集下一檔基金，不僅之前準備過的東西無法沿用（除非是一模一樣的產品），而且募集失敗代表原本參與繳款的投資人，都要經由保管銀行退款，資金在募集期間不僅無法使用，也不會有任何利息收益或賠償，下次要再請他們參與募集，難度就會更高。

2 **主管機關核准新基金募集：**這既是核心樞紐，也是瓶頸。成為核心樞紐，是因為在此之前準備的所有資料，都要由主管機關審查通過才算數，如果主管機關有意見，就可能必須修改、補正，甚至二次補正、許多次修改，直到主管機關同意為止。另一方面，之後的業務教育訓練資料、行銷宣傳，都必須以主管機關審查通過的產品規格和特徵為準，若有任何修改，也都必須連帶調整。之所以是瓶頸，因為法規有嚴格要求，在尚未取得主管機關核准函之前，不得有任何行銷宣傳。

3 **新基金架構確認：**一檔基金的所有規格全部都要確認完成，包含產品屬性、要給客戶怎樣的體驗、是要公司內部自行操作或者尋求外部顧問協助、可能的保管銀行候選。這些項目，在某些大型基金公司可能要事先花一、兩個月的時間進行內部溝通討論，最短也不太可能短於兩週。

確認兩個核心樞紐

除了以上三個重要里程碑之外，還有兩個核心樞紐也得確認：

1 **確認保管銀行：**一檔新基金募集的規模，通常五、六成以上資金是由保管銀行所貢獻，在某些極端的個案中，保管銀行甚至貢獻了九成以上。也因為保管銀行募集的實力至關重要（萬一募集失敗，或僅募得極少金額，就等於白費力氣），所以台灣幾家大型的銀行，都成了最主要的候選對象。也因為有能力一次募到新台幣十億、二十億元以上的保管銀行並不多，因此，成了各家基金公司亟欲鎖定、討好的潛在合作夥伴。

但是，愈是大型的保管銀行，對於新基金上架前的資料審查就愈嚴格，後續在銀行端進行教育訓練、行銷文宣，也都會有較多的主導權和意見；因此，保管銀行這個核心樞紐不僅大幅決定了最後募集金額多寡，也決定了教育訓練以及文宣執行上的複雜度。

因應措施為了控管這一個核心樞紐，有些基金公司寧可提早一年以上採取行動，去徵詢某些大型銀行擔任保管銀行的意願，先把「募集檔期」保留下來，儘管要募什麼產品都仍未定。

2

確認外部顧問：因為要在台灣募集、成立新的共同基金，就必須要由台灣的投信公司來擔任管理者；不過，產品若涉及一些較複雜的投資範圍或國家，台灣在地的團隊未必有這些能力或經驗，因此，除了投資以台灣為主要國家的基金以外，幾乎都會需要海外顧問的資源。

這些海外資源有可能來自於外商的集團母公司，也有可能連自己集團母公司也不具備，那就必須尋求其他外部投資顧問的協助。這類的顧問合約通常是跨國簽約，又往往涉及一些交易制度、下單細節的確認和溝通，往往需要兩至三個月的時間。

因應措施　若要從零開始接觸一家潛在的外部顧問，將耗費過多時間。因此，有愈來愈多的基金公司傾向於「只找自己集團母公司」當顧問；或者，與特定幾家具有「專長互補」效益的其他海外業者策略聯盟，擔任較多檔基金的顧問，因為已經有合作經驗之下，溝通和簽約都會快速許多。

透過逆向時間表做好流程管理

以上的每一個核心樞紐和瓶頸，通常都是需要耗掉至少兩個月時間，而且彼此會相互影響，例如外部顧問尚未確認，保管銀行也就無法得知將來是由什麼樣的團隊在操盤，也就無法簽訂保管契約；而保管銀行、外部顧問，這兩者都是必須在給主管機關的送件資料中已經確認的。

此時，「逆向時間表」透過核心樞紐和瓶頸，提供了一個很重要的功能：事先宣告，哪些要件（例如合約）必須在哪一天備齊，因此負責的相關單位（例如保管銀行的契約是由銀行通路部門負責洽談、投資顧問合約是由投資研究部門負責洽談）也就事先有了明確的目標，預先確認了最後底線。各部門可以根據各自單位內的人力狀況，去安排以及調用資源，據以決定要多早開始進行準備，也就有了自主權。

以上做法，符合OKR的「由下而上」提出並討論的原則。通常每一家基金公司在開發新產品時，會定期（例如每週）召開「新基金會議」，「逆向時間表」就是該會議重點，不僅要讓每一位與會的相關人員隨時看到這張時間表，而且有任何更新或異動時，也會同步讓大家知道。

「逆向時間表」對於任何一檔新基金的募集至關重要，因為一檔基金成立的日期（＊時間軸上的最後一個里程碑，也就是逆向時間表的起點），也代表著可以開始將基金投入到市場的時間。進場的時間好壞，也往往攸關投資績效成果的好壞。

此外，「逆向時間表」先決定了基金成立日期，才能掌握資金的來源。因為大多數的募集金額來自於保管銀行，而就算是最大型的幾家保管銀行，也不是無限量的資金供應可以隨時募集，通常一年保管新基金不會超過六檔。因此錯開「檔期」，讓該銀行全體的銷售人員得以休養生息、累積下一檔的募集能量，是必須考慮的。

還有一個重要因素，募集時間如果是在每年的一月至四月，通常比較容易募集，因為年度才剛開始不久，許多機構法人都有充足的預算，可以用在新基金的投資；若募集期間在十一月、十二月，許多機構法人已經在結算年度目標，未必會再參與新基金的募集。因此，「逆向時間表」先把基金成立日期預設好，再往回推何時開始籌備，成了各家基金公司共同的最佳實務標準。

行動清單

1

a. 請寫下未來一年有什麼重大的個人目標或想要完成的心願？希望在何時實現？

個人目標：

希望達成時間：

b. 從上述目標日期倒推，畫出一個「逆向時間表」，並訂定一至五個「里程碑」：從現在到目標日期之間，有哪幾個關鍵日期必須完成某些重要的事項（或階段）？這就是「分治法」，可以將一個相對巨大而困難的目標，拆解成幾個相對較小的階段目標，各個擊破。

	里程碑1	里程碑2	里程碑3	里程碑4	里程碑5	完成目標
月						
月						
月						
月						
月						
月						
月						
月						
月						
月						
月						
月						

c. 請你思考，整體而言要「完成目標」會遇到哪些「核心樞紐」或「瓶頸」？

很多時候，「里程碑」同時也是「核心樞紐」或「瓶頸」，但有時不同（是在通往某一個里程碑的過程中會出現的）。無論是否相同，都請在上表中，將「核心樞紐」或「瓶頸」標示出來。

d. 針對上述的「核心樞紐」或「瓶頸」，若可以提早開始著手去進行，就請提早，其他環節可以晚一點開始也無妨。因為如果在這些環節上卡關，必須放棄整個計畫，那麼其他準備都變成無用了。

2

若你是上班族，請寫下公司賦予你的今年度工作目標，或主要的績效考核項目（可能是KPI或OKR）

a. KPI或OKR：

O（目標）或KPI	KR（關鍵結果）或KPI的細項
	1.
	2.
	3.

O（目標）或KPI	KR（關鍵結果）或KPI的細項		
	1.	2.	3.

O（目標）或KPI	KR（關鍵結果）或KPI的細項		
	1.	2.	3.

b. 比照前述第一題的形式，用「逆向建造」、「逆向時間表」的方式，來完成公司指派的目標或任務。透過實際運用一次，就會獲得體驗、加深記憶，甚至內化成為你將來的工作習慣。

	里程碑1	里程碑2	里程碑3	里程碑4	里程碑5	完成目標
月						
月						
月						
月						
月						
月						
月						
月						
月						
月						
月						
月						

完成目標	里程碑5	里程碑4	里程碑3	里程碑2	里程碑1	
						月
						月
						月
						月
						月
						月
						月
						月
						月
						月
						月
						月

完成目標	里程碑5	里程碑4	里程碑3	里程碑2	里程碑1	
						月
						月
						月
						月
						月
						月
						月
						月
						月
						月
						月
						月

後記

首部曲《內在原力》著重在「心態設定」，透過正確的心態設定，做出好的選擇、好的行為、養成好的習慣，長期必然走出一條最好的人生路徑；二部曲《原力效應》是升級版，將《內在原力》的前五章：一人公司、三種工作、利他共贏、成功方程式、站對地方，具體找出改變人生或事業的方法，透過人際網路發揮出改變世界的力量。

三部曲則是《內在原力》的後四章：無限思維、沒有壞事、包容力、常保初心，更具體提供科學與哲學上的證據，加上被驗證有效的關鍵心法，可以更快速、有效展現驚人的力量，改變自己與他人的世界。

人的命運是可以改變的嗎？或許，每個人出生都有一個命盤，就像飛機的航班表，上面安排了何時起飛、何時降落、沿途行經哪些主要航道。但是，**一旦相信算命，或把生活中的那些無能爲力，通通歸給了命運，那麼原本生活中的變數，就會逐**

一退化成爲常數，人生也就成了定數。

二〇二一年十月，我和多位愛書人一同舉辦「內在原力繪畫比賽」時，好多孩子們參賽、投稿，結果共有三十件小學生佳作，以及三件金、銀、銅獎誕生；也有三件國中生佳作，以及產生金、銀、銅獎。那一刻，我就知道，我的能力可以影響、幫助孩子們。可以在孩子很小的時候，把愛與善的種子植入他們心中，隨著時間長大，他們的生命可能會變得不一樣。

我是在鄉下長大的小孩，在我七歲，小學一年級時，發生了「紅蜻蜓事件」（寫在《內在原力》第九章）改變了我的價值觀，並改變了我的命運。小學二年級時，又有另一次考驗。我最要好的朋友和我一起在田中玩耍，看到田間的水溝有數十隻手掌般大的魚。

朋友徒手抓魚。把魚一隻一隻抓起來、放到一個大塑膠袋裡。後來，他竟然把魚拿到他家門口外的水龍頭，把魚嘴巴直接接到水龍頭，轉開自來水，灌進魚的肚子裡，魚肚子脹滿了水之後，他下一秒竟然把還活著的魚丟到馬路上，讓疾駛而過的車子直接輾過魚身，魚肉混著血水噴濺開來，他哈哈大笑。他接著一隻一隻，陸續把活的魚丟到馬路上，看著一灘又一灘血肉噴濺的場面，我真的嚇呆了，但卻無能為力。

我真的無能為力嗎？我跟他說不要再丟了，大人看到我們一定要挨罵。他無趣地把剩下的一袋魚丟給我，要我自己處理剩下的魚。我踏著既悲傷又驚慌的腳步，回到家附近，有一條寬度十公尺的大河溝，我試著要把手中的那一袋魚放回水裡，無奈我和水之間隔著三公尺寬的雜草，草高兩公尺，我根本碰不到水，但我仍奮力一搏，把魚用力一拋，結果紛紛落在草堆中，我看著牠們嘴巴不斷張合、呼吸困難的樣子，但又碰不到，雜草長在水邊，踏入草堆就會陷入沼澤。我很內疚地走開。那一幕的畫面，我終身難忘。

我真的無能為力嗎？不，如果我看到第一隻魚被朋友丟到馬路中間時，就勸阻他，剩下的魚或許就不會死。如果我離開雜草堆之後，回家請大人幫忙，或許剩下的魚也就不會死。

我們生命中所發生的一切，都是有意義的。那些犧牲的魚，讓我在心中深深發願：「絕不允許任何無辜的生命在我眼前被奪走！」從此，我救了很多的小動物，也幫助了很多人，小時候的那些安排，是要成就今天的我、並幫忙去成就別人。

我們這一輩子所有的安排，都是讓我們在最後抵達天堂門口的時候，換取一張通行證。命運，掌握在我們自己手裡。不要說無能為力，每個人與生俱來，都有創造自己命運的能力。

過去，現在，未來，環環相扣，都是一體的。一條鎖鏈從前面提起來，或從後面提起來，它都是提升的狀態。當一個人在未來獲得了成就，便有能力改寫過去困境和所遇到的人事物帶給他的意義；一位已經獲得成就的人，也會有能力幫助他人改變未來。願這個世界因有你而不同，因你而變得更美好。

願原力與你同在！

愛瑞克敬上

二〇二三年一月

參考文獻

Part 1

1. 《窮查理的普通常識（增修版）：巴菲特50年智慧合夥人查理．蒙格的人生哲學》查理．蒙格著，商業周刊，2019/04/02
2. 《鋼鐵人馬斯克（最新增訂版）：從特斯拉到太空探索，大夢想家如何創造驚奇的未來》艾胥黎．范思著，天下文化，2020/08/06
3. Maslow, A.H. A theory of human motivation. Psychological Review 50 (4) 370–96. 1943.
4. Rizzolatti, Giacomo; Craighero, Laila. The mirror-neuron system. Annual Review of Neuroscience. 2004

Part 2

1. 《賈伯斯傳：Steve Jobs唯一授權（最新增訂版）》華特．艾薩克森著，天下文化，2017/09/30

2. 《深思快想：瞬間看透事物「本質」的深度思考力》稻垣公夫著，新樂園出版，2020/11/18
3. 《心。人生皆為自心映照》稻盛和夫著，天下雜誌，2020/07/07
4. 《競爭策略：產業環境及競爭者分析》麥可．波特著，天下文化，2019/08/28
5. 《努力，但不費力：只做最重要的事，其實沒有你想的那麼難》葛瑞格．麥基昂著，天下文化，2021/12/29
6. 《OKR：做最重要的事》約翰・杜爾著，天下文化，2019/01/30

Part 3

1. 《亞馬遜逆向工作法：揭密全球最大電商的經營思維》柯林．布萊爾、比爾．卡爾著，天下文化，2021/07/30
2. 《逆向工程，你我都能變優秀的祕訣：全球頂尖創新者、運動員、藝術家共同實證》朗恩・傅利曼著，方智，2022/02/01

延伸閱讀書籍總覽

1. 《賈伯斯傳：Steve Jobs唯一授權（最新增訂版）》華特・艾薩克森著，天下文化，2017/09/30
2. 《鋼鐵人馬斯克（最新增訂版）：從特斯拉到太空探索，大夢想家如何創造驚奇的未來》艾胥黎・范思著，天下文化，2020/08/06
3. 《貝佐斯寫給股東的信：亞馬遜14條成長法則帶你事業、人生一起飛》史帝夫・安德森、凱倫・安德森著，大塊文化，2019/11/28
4. 《快樂實現自主富有：傳奇創投創業大師拉維肯的投資智慧與人生哲學》艾瑞克・喬根森著，天下雜誌，2022/03/30
5. 《從0到1：打開世界運作的未知祕密，在意想不到之處發現價值》彼得・提爾、布雷克・馬斯特著，天下雜誌，2014/10/07
6. 《真希望我20歲就懂的事：史丹佛大學的創新×創意×創業震撼課程》婷娜・希莉格著，遠流出版，2022/07/27

7.《創造與漫想：亞馬遜創辦人貝佐斯親述，從成長到網路巨擘的選擇、經營與夢想》傑夫．貝佐斯著，天下雜誌，2021/04/30

8.《深思快想：瞬間看透事物「本質」的深度思考力》稻垣公夫著，新樂園出版，2020/11/18

9.《致富心態：關於財富、貪婪與幸福的20堂理財課》摩根．豪瑟著，天下文化，2021/01/27

10.《找回深度專注力：43個科學化技巧，使你1小時的價值，高過他人1萬倍》井上一鷹著，遠流出版，2022/08/26

11.《亞馬遜逆向工作法：揭密全球最大電商的經營思維》柯林．布萊爾、比爾．卡爾著，天下文化，2021/07/30

12.《逆向工程，你我都能變優秀的祕訣：全球頂尖創新者、運動員、藝術家共同實證》朗恩．傅利曼著，方智，2022/02/01

13.《OKR：做最重要的事》約翰．杜爾著，天下文化，2019/01/30

14. 《稻盛和夫工作的方法：了解工作的本質，實踐自我，從平凡變非凡的成長方程式》稻盛和夫著，天下雜誌，2022/07/27

15. 《零規則：高人才密度×完全透明×最低管控，首度完整直擊Netflix圈粉全球的關鍵祕密》里德・海斯汀、艾琳・梅爾著，天下雜誌，2020/10/28

16. 《高成效習慣：6種習慣×18道練習，幫助你專注最重要的事，始終如一、長期締造卓越表現》布蘭登・布夏德著，星出版，2022/05/11

17. 《生態系競爭策略：重新定義價值結構，在轉型中辨識正確的賽局，掌握策略工具，贏得先機》隆・艾德納著，天下雜誌，2022/05/03

18. 《也許你該跟未來學家談談：一堂前所未見的人生規畫課，所有問題你都可以問》布萊恩・大衛・強森著，先覺，2021/05/01

19. 《引爆趨勢：小改變如何引發大流行（全球暢銷20週年典藏精裝版）》麥爾坎・葛拉威爾著，時報出版，2020/04/14

20. 《為什麼這樣工作可以快、準、好：全球瘋行的工作效率升級方案，讓你的生活不再辛苦，工作更加省時省力》查爾斯・杜希格著，大塊文化，2016/04/27

21.《努力，但不費力：只做最重要的事，其實沒有你想的那麼難》葛瑞格．麥基昂著，天下文化，2021/12/29

22.《先問，為什麼？：顛覆慣性思考的黃金圈理論，啟動你的感召領導力（新增訂版）》賽門．西奈克著，天下雜誌，2018/05/23

23.《意義的呼喚：意義治療大師法蘭可自傳（二十週年紀念版）》維克多．法蘭可著，心靈工坊，2017/01/16

24.《演說高手都是這樣練的：歐陽立中的40堂魅力演說課》歐陽立中著，平安文化，2021/10/04

25.《說出影響力：3分鐘說一個好故事，不說理也能服人（新編版）》謝文憲著：春光出版，2015/12/24

26.《我用行銷思維成為搶手的人才》，井上大輔著，新樂園出版，2022/04/27

27.《財務自由實踐版：打造財務跑道，月光族、小資族也能過自己想要的生活》，羅傑．馬著，新樂園出版，2022/10/14

TOP
020

原力效應
3 步驟改變你的世界
The Force Effect：3 Steps to Change Your World

作　　者　愛瑞克

責任編輯　魏珮丞
總 編 輯　魏珮丞
封面設計　萬勝安
排　　版　JAYSTUDIO
圖表繪製　JAYSTUDIO
插　　畫　蔡嘉慧
鮮乳坊圖片　鮮乳坊

出　　版　新樂園出版／遠足文化事業股份有限公司
發　　行　遠足文化事業股份有限公司（讀書共和國出版集團）
地　　址　231 新北市新店區民權路 108-2 號 9 樓
郵撥帳號　19504465 遠足文化事業股份有限公司
電　　話　（02）2218-1417
傳　　真　（02）2218-8057
信　　箱　nutopia@bookrep.com.tw
法律顧問　華洋法律事務所　蘇文生律師
印　　製　呈靖彩藝股份有限公司
出版日期　2023 年 02 月初版 1 刷
　　　　　2024 年 06 月初版 9 刷
定　　價　380 元
I S B N　978-626-96025-8-2
書　　號　1XTP0020

新樂園
Nutopia

・新樂園粉絲專頁・

國家圖書館出版品預行編目（CIP）資料

原力效應：3 步驟改變你的世界 = The Force Effect：3 Steps to Change Your World / 愛瑞克　著 . -- 初版 . -- 新北市：新樂園出版，遠足文化事業股份有限公司出版，2023.02
288 面；14.8 × 21 公分 ── （Top；20）
ISBN　（平裝）

1. 成功法

177.2　　　　111022169